Informe de las violaciones de los derechos humanos de Estados Unidos en 2022

2022 年美国侵犯人权报告

Oficina de Información del Consejo de Estado de la República Popular China

中华人民共和国国务院新闻办公室

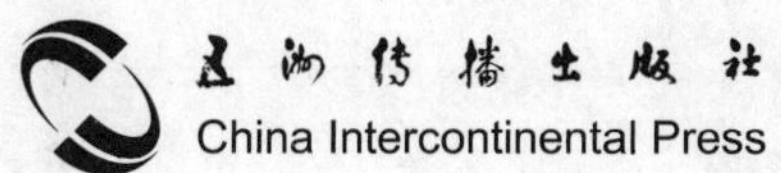
五洲传播出版社
China Intercontinental Press

图书在版编目（CIP）数据

2022 年美国侵犯人权报告 ：汉西对照 / 国务院新闻办公室编 . -- 北京 ：五洲传播出版社，2023.6
ISBN 978-7-5085-5070-1

Ⅰ . ① 2… Ⅱ . ①国… Ⅲ . ①人权－研究报告－美国－ 2022 －汉、西 Ⅳ . ① D771.224

中国国家版本馆 CIP 数据核字（2023）第 111605 号

2022 年美国侵犯人权报告（汉西对照）

编　　者：国务院新闻办公室
责任编辑：宋博雅
制　　作：北京翰墨坊广告有限公司
出版发行：五洲传播出版社
地　　址：北京市海淀区北三环中路 31 号生产力大楼 B 座 6 层
邮　　编：100088
发行电话：010-82005927　010-82007837
网　　址：www.cicc.org.cn　www.thatsbooks.com
印　　刷：北京圣彩虹科技有限公司
版　　次：2023 年 7 月第 1 版第 1 次印刷
开　　本：185 mm × 260 mm
印　　张：10.25
字　　数：137 千
定　　价：68.00 元

Índice
目　录

Informe de las violaciones de los derechos humanos de Estados Unidos en 2022

Oficina de Información del Consejo de Estado de la República Popular China

Marzo, 2023

Prefacio

El año 2022 ha sido testigo de un revés histórico de la situación de los derechos humanos en Estados Unidos. En el país, quien se califica a sí mismo como "defensor de los derechos humanos", han sido difícil eliminar ciertos males crónicos, como la corrupción política, la discriminación racial, la proliferación de armas de fuego, la violencia policial y la polarización de la riqueza. La legislación y la justicia sobre los derechos humanos han experimentado un retroceso histórico extremo, socavando aún más los derechos y libertades básicos de los estadounidenses.

El Gobierno de Estados Unidos ha relajado en gran medida el control de armas, lo que ha provocado que el número de las muertes por violencia armada siga siendo alto. La decisión de la Corte Suprema de Estados Unidos sobre el caso Bruen en 2022 se convirtió en un paso atrás histórico en el campo del control de armas en el país. Casi la mitad de los estados han ablandado las restricciones de armas. Estados Unidos ocupa el primer lugar en el mundo en términos de posesión de armas de fuego, homicidios relacionados con las mismas y tiroteos masivos, registrando más de 80.000 personas muertas o heridas por violencia armada en 2022, el tercer año consecutivo registrado en que Estados Unidos experimenta más de 600 tiroteos masivos. La violencia armada se ha convertido en una "enfermedad estadounidense".

Con los aumentos repetidos de los gastos electorales, las elecciones de medio término han resultado las más costosas de Estados Unidos, superando los 16.700 millones de dólares en 2022, y la democracia al estilo estadounidense ha perdido su apoyo popular. Las donaciones políticas de los milmillonarios representaron el 15 por ciento de todas las dádivas políticas federales, frente a un 11 por ciento en el ciclo electoral de 2020. Las donaciones de "dinero oscuro" manipulan furtivamente las elecciones estadounidenses, y la polarización política y la fragmentación social dificultan que se alcance un consenso democrático. Mientras el 69 por ciento de los estadounidenses creen que su democracia está en "riesgo de colapso" y el 86 por ciento de los votantes sostienen que la democracia del país enfrenta "amenazas muy graves", se siente la desesperación en torno a la democracia al estilo estadounidense.

El racismo va en aumento y las minorías étnicas sufren una discriminación generalizada. Los crímenes de odio basados en prejuicios raciales en Estados Unidos aumentaron extremadamente entre 2020 y 2022. La masacre racista en un supermercado de Buffalo, que acabó con la vida de diez afroamericanos, ha conmocionado al mundo. El 81 por ciento de los estadounidenses de origen asiático revelan que la violencia contra sus comunidades está aumentando. Los afrodescendientes tienen 2,78 veces más de posibilidad de ser asesinados por la policía que los blancos. Los sufrimientos causados por el genocidio y la asimilación cultural del Gobierno de Estados

Unidos contra los indios y otros aborígenes en la historia continúan hasta nuestros días.

La esperanza de vida ha caído considerablemente y las muertes por abuso de sustancias siguen aumentando. Según un informe publicado en agosto de 2022 por el Centro Nacional de Estadísticas de Salud de los Centros para el Control y la Prevención de Enfermedades de Estados Unidos, la esperanza de vida promedio en el país se redujo en 2,7 años entre 2019 y 2021, a 76,1 años, la más baja desde 1996. Grupos de interés y políticos intercambian poder por dinero, permitiendo que florezca el abuso de drogas. La cantidad de estadounidenses que mueren a causa de tal abuso ha aumentado drásticamente en los últimos años, a más de 100,000 casos por año. El abuso de sustancias se ha convertido en una de las crisis de salud pública más devastadoras del país norteamericano.

Las mujeres han perdido las protecciones constitucionales para el aborto y el entorno de vida de los niños es preocupante. La decisión de la Corte Suprema de Estados Unidos de anular el fallo de Roe contra Wade ha acabado con el derecho de las mujeres al aborto, protegido por la Constitución durante casi 50 años, lo que supone un duro golpe para los derechos humanos de las mujeres y la igualdad de género. En 2022, más de 5.800 menores de 18 años resultaron heridos o murieron por disparos en Estados Unidos, y el número de tiroteos en escuelas llegó a 302, el más alto desde 1970. La tasa de pobreza infantil aumentó del 12,1 por ciento en diciembre de 2021 al 16,6 en mayo de 2022, contando 3,3 millones más de niños viviendo en la pobreza. El país ha visto un aumento de casi el 70 por ciento del trabajo infantil ilegal desde 2018, y un incremento del 26 por ciento de menores empleados especialmente en ocupaciones peligrosas en el año fiscal 2022.

El abuso de fuerza y sanciones unilaterales de Estados Unidos ha generado desastres humanitarios. Desde principios del siglo XXI, Estados Unidos ha llevado a cabo operaciones militares en 85 países en nombre del "antiterrorismo", lo que ha resultado directamente en la muerte de al menos 929.000 civiles y el desplazamiento de 38 millones de personas. Estados Unidos ha impuesto más sanciones unilaterales que cualquier otro país del mundo, y todavía sostiene penas vigentes contra más de 20 países, lo que resulta en la incapacidad de éstos para proporcionar alimentos y medicamentos básicos a su pueblo. El tema de la inmigración se ha convertido en una herramienta de lucha partidista y se han montado farsas de envíos de inmigrantes a gran escala, haciendo que ellos enfrenten situaciones de xenofobia extrema y tratos crueles. En 2022, hubo casi 2,4 millones de arrestos de inmigrantes en la frontera de la nación, la cifra más alta jamás registrado, y el número de muertos de inmigrantes en su frontera sur llegó a 856, el más elevado en un solo año.

Estados Unidos, fundado en base al colonialismo, la esclavitud racista y la desigualdad de trabajo, posesión y distribución, ha caído aún más en un atolladero de fallos del sistema, déficits de gobernabilidad, división racial y malestar social en los últimos años como consecuencia de la interacción de un modelo de distribución económica polarizada, un patrón social dominado por el conflicto racial y una modalidad política controlada por grupos de interés capitalista.

Los políticos estadounidenses, al servicio de los intereses de los oligarcas, han perdido gradualmente su voluntad subjetiva y su capacidad objetiva para responder a las demandas básicas de la gente común y defender sus derechos básicos, al tiempo que no lograron resolver los difíciles problemas estructurales de derechos humanos de su país. En cambio, usan a los derechos humanos como excusa para atacar arbitrariamente a otros países, generando confrontación, división y caos en la comunidad internacional, y se han convertido en un saboteador y un obstáculo para el desarrollo global de los derechos humanos.

I. El disfuncional sistema de protección de los derechos civiles

Estados Unidos es un país definido por la violencia extrema, donde las personas se ven amenazadas tanto por delitos violentos como por una agresiva aplicación de la ley, y no se puede garantizar su seguridad. Las prisiones están superpobladas y se han convertido en lugares de esclavitud moderna donde el trabajo forzado y la explotación sexual son comunes. Los autoproclamados derechos y libertades civiles de Estados Unidos se han convertido en pura palabrería.

La convivencia entre políticos y empresas paraliza la agenda de control de armas. Los grupos de interés a favor de posesión armas de Estados Unidos han llevado a cabo un poderoso cabildeo político para defender sus propios intereses. Ignorando la opinión pública, el Gobierno ha relajado drásticamente el alcance del control de armas, permitiendo que se porten en lugares públicos llenos de gente como hospitales, escuelas, bares y estadios deportivos.

Bloomberg News informó el 3 de julio de 2022 que la decisión de la Corte Suprema de Estados Unidos en el caso Bruen del 23 de junio anuló la legislación de control de armas que ya regía hace medio siglo en Nueva York y otros seis estados. A los residentes de estos estados se les permitió llevar armas ocultas, lo que se convirtió en un paso atrás histórico en el ámbito del control de armas en Estados Unidos.[1]

The New York Times informó el 28 de octubre de 2022 que un tribunal federal de Texas dictaminó que una ley estatal que prohibía a los adultos menores de 21 años portar armas de fuego era inconstitucional. Casi la mitad de los estados de Estados Unidos ahora han relajado las restricciones de armas.[2]

"El país se ha estado moviendo en su conjunto, en los últimos dos o tres décadas, muy clara y dramáticamente hacia la flexibilización de las leyes de portación de armas", dijo Ali Rowhani-Rahbar, profesor de la Universidad de Washington.[3]

El libro de la académica estadounidense Pamela Haag, *El tiroteo de Estados Unidos: negocios y la creación de la cultura de las armas estadounidense*, señala que las armas en dicho país representan una cadena industrial que "comienza con la línea de producción y termina con la muerte de las víctimas". "La tragedia de la violencia armada en Estados Unidos tiene sus raíces en el comercio secular de armas", escribió.[4]

La violencia armada aumenta junto con la posesión de armas.[5] Un estudio publicado en el British Medical Journal sugiere que la relajación del control de armas en Estados Unidos ha conducido a un aumento simultáneo de posesión de armas y tiroteos masivos.[6] Con menos del 5 por ciento de la población mundial, Estados Unidos posee el 46 por ciento de las armas civiles del mundo.[7] Lidera la lista en posesión de armas, homicidios con armas y tiroteos masivos a nivel global.

Según el sitio web Gun Violence Archive, la cantidad de tiroteos masivos en el país ha aumentado significativamente en los últimos años. En 2022, la violencia armada causó la muerte de 43.341 personas e hirió a 37.763 en Estados Unidos, al tiempo que hubo 636 tiroteos masivos, un promedio de dos por día.[8] La tasa de homicidios con armas de fuego en Estados Unidos es ocho veces mayor que la de Canadá, 13 veces mayor que la de Francia y 23 veces mayor que la de Australia.[9]

En un artículo de opinión publicado el 25 de junio de 2022, The Australian dijo que Estados Unidos "es un país casi definido por la ultraviolencia, en sus medios de comunicación y en sus calles".[10] La violencia armada se ha convertido en una "enfermedad estadounidense".

Los delitos graves como el asesinato y el robo siguen creciendo. USA Today informó el 11 de septiembre de 2022 que, en la primera mitad de 2022, los homicidios en las ciudades miembros de la Asociación de Jefes de Ciudades Mayores (MCCA, siglas en inglés) aumentaron en un 50 por ciento y las agresiones agravadas en alrededor de un 36 por ciento, en comparación con el mismo periodo en 2019.[11]

The Wall Street Journal reportó el 6 de septiembre de 2022 que, hasta septiembre de 2022, la tasa de homicidios en Nueva Orleans aumentó en un 141 por ciento, los tiroteos en un 100 por ciento, los robos de vehículos en un 210 por ciento y los robos a mano armada en un 25 por ciento, en comparación con el mismo periodo durante 2019.[12]

Según un informe del Consejo de Justicia Criminal del 28 de julio de 2022, en la primera mitad de 2022, los robos aumentaron en un 19 por ciento y los hurtos en un 20 en las ciudades principales de Estados Unidos.[13]

Fox News informó el 7 de julio de 2022 que, desde junio de 2021, la delincuencia general en la ciudad de Nueva York aumentó en un 31 por ciento, los hurtos mayores en un 41 por ciento, los robos en un 36 por ciento, los robos con allanamiento de morada en casi un 34 por ciento y las víctimas de agresiones graves en alrededor de 1.000 por trimestre.[14]

Según un informe de CNN del 8 de junio de 2022, el 72 por ciento de los estadounidenses no se sienten satisfechos con las políticas del país para reducir o controlar los crímenes, y el 80 por ciento se preocupan sobre el crimen y la violencia, nivel más alto en los últimos diez años.[15]

La violencia policial se empeora. En 2022, un récord histórico de 1.239 personas murieron como resultado de la violencia policial, según el sitio web Mapping Police Violence. Durante el año, solo hubo 10 días en los que no ocurrió ningún asesinato policial. La mayoría de los asesinatos policiales ocurren durante labores de rutina, como los controles de paradas vehiculares, o cuando ellos abordan delitos no violentos. Rara vez se acusa a la policía de usar fuerza excesiva. En los homicidios policiales entre 2013 y 2022, el 98,1 por ciento de los agentes implicados no fueron acusados de ningún delito.[16]

El 27 de junio de 2022, la policía de Akron, Ohio, disparó a Jayland Walker, un afroamericano desarmado de 25 años, más de 90 veces, causando su muerte. Según un informe médico preliminar, Walker tenía más de 60 heridas en su cuerpo. Éste fue el tercer tiroteo policial en la ciudad de Akron entre diciembre de 2021 y junio de 2022.[17]

La vida y la salud de los presos están amenazadas. Estados Unidos es poseedor de la tasa de encarcelamiento más alta del mundo y las condiciones carcelarias son terribles. Según un informe de The Guardian del 1 de octubre de 2022, casi 500 personas de cada 100.000 fueron encarceladas en Estados Unidos, lo que representa aproximadamente cinco veces de la tasa de Reino Unido, seis de la de Canadá y nueve de la de Alemania.[18]

Según un artículo publicado el 25 de abril de 2022 por la organización The Fair Justice Initiative, los reclusos en las prisiones de Mississippi se mantenían en celdas oscuras sin luz ni agua limpia, y la temperatura del ambiente era extremadamente alta.[19]

El Chicago Sun-Times informó el 19 de febrero de 2022 que las celdas de la prisión de Joliet en Illinois estaban infestadas de ratas, mientras la comida podrida y aguas residuales sin tratar desbordaban las áreas comunes.[20] La vida de los presos no está garantizada.

Según un estudio publicado en octubre de 2022 en la revista Prison Legal News, una publicación sobre los derechos de los reclusos, la escasez de guardias y la infraestructura inadecuada en el sistema penitenciario de Alabama generaron altas tasas de violencia y muertes entre los reclusos. Hubo 39 fallecidos en los primeros ocho meses de 2022, 30 de las cuales murieron de forma no natural.[21]

Las prisiones se han convertido en lugares de esclavitud

moderna. Según un reporte publicado conjuntamente por la Facultad de Derecho de la Universidad de Chicago y la Unión Estadounidense de Libertades Civiles el 16 de junio de 2022, Estados Unidos encarcela a más de 1,2 millones de personas en prisiones estatales y federales, y entre ellos unas 800.000 trabajan de forma forzada, lo que representa alrededor del 65 por ciento del total de prisioneros. El 76 por ciento de los presos encuestados informan que fueron amenazados con confinamiento solitario, imposibilidad de reducir la pena o pérdida de los derechos de visita por sus familiares si se negaban a trabajar.[22]

Los encarcelados se vieron obligados a proporcionar servicios de alimentación, lavandería y otras actividades, pero casi sin derechos ni protecciones laborales, según un informe de la organización Prison Policy Initiative del 14 de marzo de 2022.[23] Las prisiones estadounidenses pagan poco o nada a los prisioneros que trabajan, y se han convertido en verdaderas fábricas de esclavitud modernas, según un estudio de la Unión Estadounidense de Libertades Civiles publicado el 15 de junio de 2022.[24]

Se intensifica la intolerancia religiosa. Según las "Estadísticas de delitos de odio para 2021" publicadas el 15 de diciembre de 2022 por la Oficina Federal de Investigaciones, se registraron un total de 1.005 delitos de odio religioso en Estados Unidos durante el año 2021, de los cuales el 31,9 por ciento fueron antisemitas, el 21,3 por ciento antisij, el 9,5 por ciento antiislámicos, el 6,1 por ciento anticatólicos y el 6,5 por ciento antiortodoxos.[25]

La intolerancia hacia el islamismo en Estados Unidos se ha intensificado y los musulmanes son gravemente discriminados, según un informe publicado por el Consejo de Relaciones Estadounidenses-Islámicas en 2022. En 2021, el organismo recibió 6.720 quejas, incluidas 308 relacionadas con incidentes de odio y prejuicio, lo que representa un aumento del 28 por ciento con respecto a 2020; 679 denuncias de extralimitación de las fuerzas del orden público y gubernamentales, un incremento del 35 por ciento; 1.298 incidentes de discriminación en lugares de trabajo y públicos, un alza del 13 por ciento.[26] Un estudio que hizo público Middle East Eye informó el 23 de agosto de 2022 que los musulmanes tienen cinco veces más probabilidades de sufrir acoso policial debido a su religión en comparación con otros religiosos.[27]

II. La insustancial democracia electoral al estilo americano

Las donaciones políticas han hecho que las elecciones en Estados Unidos se conviertan en un juego de ricos. La alineación a los dos partidos ha degenerado en polarización política. Y la democracia estadounidense está perdiendo las bases del apoyo popular. El expresidente de Estados Unidos, Jimmy Carter, señaló una vez que el soborno político ha contaminado el sistema político estadounidense, diciendo que "es solo una oligarquía con sobornos políticos ilimitados en la esencia de obtener las nominaciones para presidente o elegir al presidente".[28]

El dinero en las elecciones ha establecido un nuevo récord. Las elecciones de Estados Unidos son el núcleo de su democracia, y están potenciado por el dinero. Los costes electorales se han disparado desde que el límite sobre las donaciones se levantó en 2010 y, de nuevo, en 2014.

Según un análisis publicado por la base de datos OpenSecrets, el coste total de las elecciones estatales y federales de medio término de 2022 rondó los 17.000 millones de dólares, siendo los comicios más caros de toda la historia. Los candidatos federales y comités políticos gastaron hasta 8.900 millones de dólares; mientras que los candidatos en los estados, los comités de partidos políticos y los comités dedicados al recuento se gastaron 7.800 millones de dolares, superando ambas partidas sus registros históricos.[29]

La CNN informó el 8 de diciembre de 2022 que las cinco carreras más caras al Senado, entre las elecciones primarias y generales, costaron casi 1.300 millones de dólares. La más cara fue la carrera electoral al Senado en Pennsylvania, donde se gastaron casi 375 millones de dólares durante la campaña en este ciclo electoral.[30]

Las donaciones políticas crean una oligarquía. La política de Estados Unidos ha sido secuestrada por el capital y existe una relación estable de "recuperación del dinero". El lema "Del pueblo, por el pueblo y para el pueblo" se ha convertido en otro que podría rezar "Del 1 por ciento, por el 1 por ciento y para el 1 por ciento". O, como señala el lema del movimiento Occupy Wall Street, "Somos el 99 por ciento, pero estamos controlados por el 1 por ciento".[31]

Helene Landemore, teórica política de la Universidad de Yale, escribió en un artículo publicado en diciembre de 2021 por la revista Foreign Policy que la democracia estadounidense carece "del poder de la gente"[32] y que solamente los más ricos, una parte muy pequeña de la población, pueden utilizar su extremadamente elevada posición económica para impulsar una serie de prioridades políticas que sirven a sus intereses.[33]

La revista Fortune, el 9 de diciembre de 2022, publicó un artículo titulado "Los milmillonarios tuvieron un billón de dólares extra para influir sobre las elecciones de medio término. Salvemos la democracia estadounidense subiendo impuestos a los más ricos". En dicho texto, denunció que los milmillonarios estadounidenses han gastado la extraordinaria cifra de 880 millones de dólares en las elecciones hasta finales de octubre, como nunca antes, mientras que el monte total definitivo se podría aproximar a 1.000 millones de dólares. Los milmillonarios están proporcionando financiamento electoral de una manera sin precedentes.

La fortuna de los milmillonarios ha estado "hundiendo nuestra democracia", como indica el director ejecutivo de la organización Estadounidenses por la Justicia Fiscal, Frank Clemente, publicó la revista.[34]

Los milmillonarios representaron el 15 por ciento de todas las donaciones políticas declaradas a nivel federal, del 1 de enero de 2021 al 30 de septiembre de 2022, frente al 11 por ciento en el ciclo electoral de 2020, informó la agencia de noticias Reuters el 9 de noviembre de 2022, añadiendo que el magnate de las finanzas, George Soros, fue el primer donante individual, tras haberse gastado 128 millones de dólares en apoyar las campañas del Partido Demócrata.[35] Con los plutócratas utilizando su dinero para controlar el resultado electoral, las elecciones en Estados Unidos se alejan cada vez más de su naturaleza democrática.

Las donaciones en "dinero oscuro" manipulan en secreto el curso de las elecciones. El "dinero oscuro" ha estado influyendo, de forma invisible, sobre las elecciones de Estados Unidos. El Centro Brennan para la Justicia informó el 16 de noviembre de 2022 que cuatro grupos de "dinero oscuro" aliados de los partidos inyectaron casi 300 millones de dólares en este ciclo electoral a través de donaciones a los súper Comités de Acción Política (PAC, siglas en inglés) hermanos o pagando por anuncios.

Otros cientos de grupos políticamente activos inyectaron dinero secreto en las elecciones.[36]

Un milmillonario transfirió 1.600 millones de dólares en secreto a un grupo político solidario del Partido Republicano, la mayor donación política conocida en la historia de Estados Unidos, según un informe publicado el 29 de agosto de 2022, en el sitio web de The Guardian, bajo el título "Miles de millones de dólares en 'dinero oscuro' están influyendo sobre la política de Estados Unidos". En 2020, más de 1.000 millones de dólares en "dinero oscuro" se canalizó hacia las elecciones estadounidenses como consecuencia de la laxitud normativa existente para declararlo. La situación se empeoró en las elecciones de 2022. Los PAC principales de los dos partidos para Congreso y Senado fueron financiados por grupos anónimos de "dinero oscuro" que no necesitaban declarar la identidad de sus donantes.[37] El "dinero oscuro" ha secuestrado en secreto a los partidos políticos y el Gobierno estadounidenses mientras que la mayoría de los votantes se han convertido en instrumentos del juego político.

Se aplican tácticas múltiples en manipulación de los resultados electorales. Muchos estadounidenses han abandonado por completo la idea de igualdad, y siempre son estas personas que reniegan de este concepto quienes dicten las normas a seguir de los demás, escribió J. R. Pole en su libro *La búsqueda de la igualdad en la historia de Estados Unidos*.[38] Leyes restrictivas de la elegibilidad de los votantes son aprobadas con frecuencia. Según un estudio publicado el 26 de mayo de 2022 por el Centro Brennan para la Justicia, 18 estados aprobaron 34 leyes restrictivas de esta índole en 2021. Durante el periodo de sesiones de 2022, los legisladores en 39 estados han tomado en consideración hasta 393 leyes restrictivas, las cuales han tenido un efecto desproporcionado sobre los votantes de color al haberles impuesto una serie de barreras para votar. Tantos como 200.000 votantes están en riesgo de que sus registros censales sean cancelados después de que Arizona aprobase una ley regulando la presentación de documentación acreditativa sobre la ciudadanía para registrarse en el censo electoral.[39]

El 4 de agosto de 2022, el Proyecto Global contra el Odio y el Extremismo publicó un reportaje titulado "Temores de los estadounidenses por supresión de su participación en la democracia", según el cual un 40 por ciento de la población negra y un 37 por ciento de la hispana están muy preocupados por la posibilidad de que se les deniegue el derecho a votar.[40]

Las estrictas leyes sobre el registro de voto impiden participar en las elecciones a cerca del 16 por ciento de la población negra en edad de votar de Mississippi, donde tiene una de las mayores concentraciones de población negra en el país pero nunca ha elegido todavía a ningún candidato negro como gobernador del estado en más de un siglo, describió el diario británico The Guardian en un artículo titulado "La ley racista de 1890 que aún impide votar a estadounidenses negros", publicado el 8 de enero de 2022 en su página web.[41]

El 12 de abril de 2022, la Liga Nacional Urbana publicó el documento "El estado de la América negra en 2022: Bajo el asedio del complot para destruir la democracia", el cual mostró que, solamente en 2021, un total de 20 estados aprovecharon los datos del censo electoral para reconfigurar los mapas de las circunscripciones al Congreso.[42] Estas artimañas para manipular las elecciones han impedido votar a un buen número de votantes en forma disfrazada, convirtiendo el igual derecho al voto en papel mojado.

Las elecciones en Estados Unidos van acompañadas de violencia e intimidación. La historia política del país no ha estado exenta de violencia y terror. Históricamente, grupos de infame recuerdo como el Ku Klux Klan impidieron a los afroamericanos ejercer su derecho al voto mediante la violencia como palizas, linchamientos y asesinatos; creando una atmósfera de terror que todavía perdura hasta hoy.

Los votantes pueden sufrir intimidación en los centros electorales y más allá por actores organizados, señaló el Centro Brennan para la Justicia en un informe publicado el 28 de octubre de 2022. En Arizona, grupos extremistas de derecha han reclutado a voluntarios para vigilar las urnas, algunos de los cuales se han presentado armados y con equipo táctico.[43]

El Proyecto Global Contra el Odio y el Extremismo indicó en un informe del 4 de agosto de 2022 que hay una creciente sensación de miedo entre los estadounidenses, con las minorías particularmente preocupadas por la seguridad en los centros de votación. En total, el 63 por ciento de los encuestados afirman estar "muy preocupados" por cuestiones como la violencia, el acoso y la intimidación sufrida en sus colegios electorales.[44] La sombra psicológica sobre los linchamientos y la atmósfera de terror se han convertido en un gran obstáculo de los electores para ejercer su derecho a votar.

El sistema político bipartidista se ha convertido en algo polarizado. La polarización política, especialmente la del bipartidismo, ha sido una de las características más evidentes de la política estadounidense en las últimas tres décadas. La creciente división ideológica y oposición entre el Partido Demócrata y el Partido Republicano han intensificado la ruptura en la sociedad estadounidense y vaciado de contenido la política de Estados Unidos.

Alrededor del 28 por ciento de los estadounidenses señalan que el "extremismo político o polarización" representa uno de los asuntos más importantes que afronta el país, según una encuesta publicada el 14 de junio de 2022 por la demoscópica estadounidense, FiveThirtyEight. Y el 64 por ciento afirman sentir que la polarización política es algo incentivado sobre todo desde las élites políticas y sociales.[45]

Según un informe de la cadena NBC NEWS, del 23 de octubre de 2022, el 81 por ciento de los votantes del Partido

Demócrata manifiestan creer que la agenda política del Partido Republicano supone una amenaza que, de no ser frenada, destruirá Estados Unidos; mientras que el 79 por ciento de los republicanos piensan lo mismo de la agenda del Partido Demócrata. El 71 por ciento de los votantes opinan que el país iba por la dirección equivocada.

"Parece que los votantes no buscan más un 'Contrato con Estados Unido'. Quieren un divorcio", argumentó el encuestador demócrata Jeff Horwitt, de Hart Research Associates.[46]

La polarización política y las divisiones sociales han hecho difícil alcanzar consensos democráticos. Y la farsa electoral, junto con el caos después de las elecciones, se han convertido en rasgos reconocibles de la política en Estados Unidos.

Marc J. Hetherington, profesor de Ciencia Política en la Universidad de Vanderbilt, y Thomas J. Rudolph, profesor de Ciencia Política en la Universidad de Illinois, en su libro *Por qué Washington no podrá funcionar: Polarización, confianza política y crisis de gobernanza*, analizaron el origen de la disfunción política de Estados Unidos y señalaron que la polarización representada en la contienda partidista y la rivalidad obsesiva han conducido al colapso de la confianza política, además de provocar una grave crisis de gobernanza en el país.[47]

Los funcionarios del Gobierno se aprovechan de sus puestos para beneficiarse personalmente. Los políticos de alto nivel pueden tener acceso anticipado a una gran cantidad de información confidencial que podría permitirles obtener ganancias económicas.

El valor neto de los activos declarados de la expresidenta de la Cámara de Representantes, Nancy Pelosi, junto con su esposo, Paul Pelosi, es superior a los 114 millones de dólares, teniendo la mayor parte de su riqueza un origen en acciones y opciones, según reveló el periódico The Hill en un artículo editorial al respecto publicado el 24 de julio de 2022.

En marzo de 2021, Paul Pelosi ejecutó opciones en bolsa para comprar 25.000 acciones de Microsoft, por un valor superior a los más de cinco millones de dólares. Menos de dos semanas después, el ejército de los Estados Unidos reveló un acuerdo de 21.900 millones de dólares con Microsoft. Y las acciones de la compañía subieron bruscamente después de que se anunciara el acuerdo.

En junio de 2022, Paul Pelosi también compró hasta 5 millones de dólares en opciones sobre acciones de Nvidia, una empresa líder en semiconductores. La compra se produjo cuando el Congreso estaba listo para votar una legislación que resultaría en 52.000 millones de dólares en subsidios asignados para impulsar a la industria de producción de chips.

Durante el mandato de Nancy Pelosi como presidenta de la Cámara de Representantes, la pareja ganó unos 30 millones de dólares en operaciones que involucran a grandes empresas de tecnología, las cuales estaban bajo su supervisión.[48]

De los 435 miembros de la Cámara, 183 negociaron acciones bien personalmente o mediante familiares directos entre 2019 y 2021, relató el Daily Mail en un editorial del 13 de septiembre de 2022. Añadió que al menos 97 compraron o vendieron acciones, bonos u otros activos financieros bien personalmente o a través de sus cónyuges, interfiriendo directamente con su trabajo como congresistas.[49]

Una investigación de The Wall Street Journal, fechada el 11 de octubre de 2022, descubrió que más de 2.600 funcionarios de agencias, desde el Departamento de Comercio hasta el

Departamento del Tesoro, revelaron inversiones en acciones en empresas mientras esas mismas compañías cabildeaban a sus agencias para obtener políticas favorables.[50]

En lo que se conoció como el escándalo de "Niños por dinero en efectivo", los exjueces de Pensilvania, Mark Ciavarella y Michael Conahan, cerraron un centro de detención juvenil administrado por el condado aceptando 2,8 millones de dólares en pagos ilegales de dos cárceles juveniles con fines de lucro, según la agencia de noticias The Associated Press (AP, siglas en inglés), en una información del 18 de agosto de 2022. Ciavarella impulsó una política de tolerancia cero, asegurándose de que un gran número de niños serían enviados a las instalaciones penitenciarias lucrativas, concluyó el informe.[51] Muchos de los principales políticos estadounidenses hicieron promesas vacías a los votantes mientras aprovechaban sus posiciones para beneficiarse económicamente.

La confianza del público en la democracia estadounidense sigue en declive. Los académicos estadounidenses, Thomas R. Dye, Harmon Zeigler y Louis Schubert, señalaron en su libro *Ironía de la democracia: Una introducción fuera de lo común a la política de Estados Unidos* que pocos estadounidenses creen todavía que el Gobierno se guía por los intereses del pueblo. La mayoría ve al sistema político como algo controlado por unos pocos grandes grupos de interés que solo buscan sus beneficios particulares, dejando al estadounidense medio en el olvido, describió la obra.[52]

El 67 por ciento de los estadounidenses piensan que la democracia de su nación está en peligro, reflejó la encuesta de la Universidad de Quinnipiac del 31 de agosto de 2022.[53]

En una nota del 19 de octubre de 2022, AP señaló que existe un descontento general con la democracia estadounidense tras décadas de polarización política a nivel nacional. Solamente el 9 por ciento de los adultos estadounidenses creen que la democracia está funcionando "extremadamente bien" o "muy bien", mientras que el 52 por ciento opinan que no está funcionando bien.[54]

El 4 de noviembre de 2022, PR Newswire publicó una encuesta independiente antes de las elecciones de medio término mostrando que, según el 86 por ciento de los votantes, la democracia en Estados Unidos afronta desafíos muy graves. El 72 por ciento de los votantes estadounidenses califican el estado de la democracia estadounidense como "paupérrimo", el 64 por ciento consideran que hay demasiado dinero en política, el 61 por ciento dicen que la política de Estados Unidos es corrupta, mientras que el 58 por ciento opinan que existe demasiada desinformación y manipulación mediática en la democracia estadounidense.[55]

Y según otra encuesta de NBC News, publicada el 9 de noviembre de 2022, el 72 por ciento de los votantes demócratas, el 68 por ciento de los republicanos y el 70 por ciento de los independientes coinciden en que la democracia está amenazada.[56] La confianza del público en la democracia estadounidense sigue disminuyendo, lo cual se refleja en su pérdida de respaldo popular.

III. La creciente discriminación racial y desigualdad

El Comité para la Eliminación de la Discriminación Racial de la ONU sostuvo en *Observaciones finales sobre los informes periódicos 10° a 12° combinados de los Estados Unidos de América*, publicadas el 21 de septiembre de 2022, que los legados persistentes del colonialismo y la esclavitud continúan alimentando el racismo y la discriminación racial en el país. En los últimos años, los delitos de odio y los incidentes de incitación al odio en Estados Unidos han aumentado significativamente, la cantidad de muertes por armas de fuego relacionadas con la raza también ha registrado un aumento sustancial, y las personas de color y las minorías étnicas continúan enfrentando una discriminación sistemática en la atención médica, la educación, la vivienda y otros campos, según la misma agencia.[57]

La discriminación racial está muy extendida. La "inferioridad y la superioridad raciales" se han vuelto "inextricables" para las instituciones estadounidenses.[58] Entrevistas con más de 3.000 afroamericanos mostraron que el 82 por ciento consideran el racismo como un problema importante para ellos en Estados Unidos, mientras que el 79 por ciento informan haber experimentado discriminación por su raza o etnia, y el 68 por ciento dicen que la discriminación racial es la razón principal por la que muchos afroamericanos no pueden salir adelante, informó CNN el 30 de agosto de 2022.[59]

Según una encuesta publicada por el grupo Ipsos el 29

de marzo de 2022, el 65 por ciento de los latinoamericanos encuestados informan haber experimentado retóricas racistas en el último año.[60]

Según un informe publicado el 30 de marzo de 2022 por el estadounidense Foro Nacional de Mujeres Estadounidenses de Asia y el Pacífico, el 74 por ciento de las mujeres asiático-americanas, nativas de Hawái y de las islas del Pacífico revelan haber sufrido racismo o discriminación en los últimos 12 meses, el 53 por ciento reportan a un extraño como perpetrador y el 47 por ciento denuncian incidentes en lugares públicos como restaurantes y centros comerciales.[61]

Los delitos de odio racial siguen siendo elevados. Las 15 ciudades principales estadounidenses experimentó un aumento de alrededor del cinco por ciento en los delitos de odio motivados por prejuicios hasta agosto de 2022, después de registrar aumentos porcentuales de dos dígitos entre 2020 y 2021, según un estudio del Centro para el Estudio del Odio y el Extremismo de la Universidad Estatal de California de San Bernardino.[62]

En un artículo titulado "Aumento de informes de delitos de odio", publicado el 21 de octubre de 2022, el Chicago

Sun-Times informó que hasta el 18 de octubre de ese año el Departamento de Policía de Chicago había recibido informes de 120 delitos de odio.[63]

El 14 de mayo de 2022, Payton Gendron, un agresor blanco de 19 años, mató a diez afroamericanos e hirió a otros tres en una masacre racista en un supermercado en Buffalo, Nueva York. El asesino también grabó en video el ataque para transmitirlo en vivo.[64]

Según un informe publicado en febrero de 2023 por la Liga Antidifamación con sede en Estados Unidos, la cantidad de asesinatos en masa en Estados Unidos se disparó durante la última década, y todos los asesinatos extremistas identificados en 2022 estaban relacionados con el extremismo de derecha, con un especial alto número vinculado a la supremacía blanca. "No es una exageración decir que vivimos en una era de asesinatos en masa cometidos por extremistas".[65]

Delito de odio es particularmente rampante contra los estadounidenses de origen asiático. Un informe emitido por la organización sin fines de lucro Stop AAPI Hate (Detener el odio contra los asiático-americanos y los americanos de las islas del

Pacífico) muestra que recibió informes de casi 11.500 incidentes de odio entre el 19 de marzo de 2020 y el 31 de marzo de 2022.[66]

Una encuesta en línea realizada por la firma de investigación AAPI Data encontró que uno de cada seis estadounidenses de origen asiático en todo el país experimentó violencia racial en 2021, informó el 22 de marzo de 2022 Los Angeles Times.[67]

The New York Times informó el 14 de marzo de 2022 que un hombre de 28 años fue acusado de delitos de odio en relación con una ola de ataques de dos horas de duración contra siete mujeres de ascendencia asiática en Manhattan.[68] Cuatro asiático-americanos residentes en Nueva York murieron en los últimos meses después de ser atacados. La CNN informó el 30 de noviembre de 2022 que en Yonkers un hombre golpeó a una anciana asiática más de cien veces, le lanzó insultos racistas, pisoteó su cuerpo repetidamente y la escupió.[69]

Houston Public Media informó sobre múltiples ataques contra personas de ascendencia asiática en San Francisco el 22 de agosto de 2022. Una de las víctimas, Amy Li, dijo que todavía ve al delincuente en su vecindario casi todos los días. "He denunciado este caso a la policía y no he recibido ninguna respuesta... Todos los días mi hijo y yo vivimos con miedo".[70]

El 57 por ciento de los estadounidenses de origen asiático dicen que a menudo o en algunas ocasiones se sienten inseguros en público debido a su raza o etnia, el 81 por ciento están de acuerdo en que la violencia contra la comunidad estadounidense de origen asiático ha aumentado y el 73 por ciento consideran que la violencia representa ahora una amenaza mayor en comparación con la época antes de la pandemia de la COVID-19, según un informe publicado el 12 de abril de 2022 en la revista médica Health Affairs.[71]

Según el testimonio de Erika Lee, profesora de Historia y Estudios Asiático-Americanos de la Universidad de Minnesota, especializada en discriminación y violencia contra los asiáticos estadounidenses, dijo ante una audiencia en el Congreso de Estados Unidos que "por impactantes que sean estos incidentes, es vital comprender que no son actos aleatorios perpetrados por personas trastornadas. Son una expresión de la larga historia de racismo sistemático y violencia racial de nuestro país contra los estadounidenses de origen asiático y de las islas del Pacífico".[72]

La discriminación racial está arraigada en la aplicación de la ley y la justicia. Un informe final de la Convención Internacional sobre la Eliminación de Todas las Formas de Discriminación Racial de la ONU reveló que aún persiste ampliamente en Estados Unidos que los funcionarios encargados de hacer cumplir la ley utilizan una violencia excesiva contra las personas de color y los grupos minoritarios sin ser castigados, mientras que se destacan en el sistema de justicia de Estados Unidos el arresto, el encarcelamiento y el abuso permanente contra personas de color y minorías étnicas.[73]

Las estadísticas del sitio web "Mapping Police Violence" muestran que en los asesinatos policiales entre 2013 y 2022 los afroamericanos tienen 2,78 veces más de probabilidades de ser asesinados por la policía que los blancos. Además, los afroamericanos desarmados tienen 1,3 veces más de probabilidades de ser asesinados por la policía que sus pares blancos. En Boston, Minneapolis y Chicago los afroamericanos tienen 20 veces más de probabilidades de ser asesinados por la policía que los blancos.[74]

La National Public Radio (NPR, siglas en inglés) informó el 27 de septiembre de 2022, citando un informe del Registro

Nacional de Exoneraciones, que los afroamericanos ocupan menos del 14 por ciento de la población de Estados Unidos, pero representan el 53 por ciento de los condenados falsamente por un delito grave para cumplir al menos una parte de su sentencia. Los afroamericanos tienen siete veces más probabilidades de ser condenados injustamente por tres delitos importantes que los blancos, y tienen 19 veces más de probabilidades de ser condenados injustamente por delitos de drogas, agregó la misma fuente.[75]

El sistema de justicia penal impregnado de racismo "está sirviendo cada vez más como una importante puerta de entrada a un sistema mucho más grande de estigmatización y marginación a largo plazo", señaló el libro *El aumento del encarcelamiento en Estados Unidos: Explorando causas y consecuencias*, publicado por National Academies Press.[76]

Se viene ampliando la brecha de riqueza racial. Los trabajadores de color se han visto obligados a "lavar ropa sucia" desde hace mucho tiempo debido a las barreras racistas que afrontan en el trabajo.[77] La CNN informó el 30 de agosto de 2022 que dos tercios de los afroamericanos considera que el creciente enfoque en la raza y la desigualdad racial en Estados Unidos no ha llevado a cambios favorables para el mejoramiento de su vida.[78]

Un estudio a largo plazo coeditado por investigadores de las universidades de Princeton y de Bonn, encontró que la brecha de riqueza racial es la mayor de las disparidades económicas entre los estadounidenses afrodescendientes y blancos, con una proporción de riqueza per cápita de blancos a afroamericanos de 6 a 1. Después de la abolición de la esclavitud, la convergencia de la riqueza entre afroamericanos y blancos siguió un camino aún más lento y luego se estancó en la década de 1950. Desde la década de 1980, la brecha de riqueza se ha ampliado nuevamente, ya que las ganancias de capital han beneficiado predominantemente a los blancos.[79]

En 2021, el 19,5 por ciento de los afroamericanos en Estados Unidos viven por debajo del umbral de la pobreza, en comparación con el 8,2 por ciento de los blancos, indicó el proveedor de estadísticas Statista en un informe del 30 de septiembre de 2022.[80]

Más de la mitad de las familias afroamericanas y latinas y

más de dos tercios de los nativos americanos informan que los recientes aumentos de precios impulsados por la inflación les causaron serios problemas financieros, citando una encuesta nacional publicada conjuntamente el 8 de agosto de 2022 por la NPR, la Fundación Robert Wood Johnson y la Harvard T.H. Chan School of Public Health.[81]

El impacto de la inflación en los estadounidenses afrodescendientes es "extremadamente devastador", dijo el profesor William Darity Jr. de la Universidad de Duke. "La gente tendrá que tomar decisiones muy muy difíciles sobre si comprar o no medicamentos, o comprar alimentos o renunciar al pago de sus servicios públicos".[82]

Se registra la discriminación en las políticas de vivienda. El Comité para la Eliminación de la Discriminación Racial de la ONU informó en sus observaciones finales que existe una segregación racial residencial y una persistente discriminación política y legal contra las personas de color y los grupos minoritarios en su acceso a la vivienda.[83]

La brecha entre las tasas de propiedad de vivienda de blancos y afroamericanos en Estados Unidos es la más amplia en 120 años, según un informe de la BBC del 10 de julio de 2022.

Alrededor del 19,4 por ciento de los solicitantes afroamericanos obtuvieron una negativa para una hipoteca en 2021, en comparación con el 10,8 por ciento de los solicitantes blancos, según la firma inmobiliaria Zillow.[84]

Para muchos propietarios afroamericanos, las tasas de interés son a menudo más altas que los blancos, independientemente de sus ingresos, informó The Hill el 28 de agosto de 2022, citando un estudio de la Universidad de Harvard de 2021. Solo el 45,3 por ciento de las familias afroamericanas y el 48,3 por ciento de las hispanas son dueños de sus casas durante el segundo trimestre de 2022, en comparación con el 74,6 por ciento de los blancos, agregó la misma fuente.[85]

Existe una grave desigualdad racial en los servicios de salud. El Comité para la Eliminación de la Discriminación Racial de la ONU dice en sus observaciones finales que las minorías raciales y étnicas se ven afectadas de manera desproporcionada por tasas más altas de mortalidad y morbilidad materna.[86] Las disparidades étnicas y raciales en la tasa de mortalidad materna aumentaron significativamente, especialmente para las mujeres negras no hispanas en 2020, llegando a 2,9 veces la de las mujeres blancas no hispanas, según un informe publicado el 23 de febrero de 2022 por el Centro Nacional de Estadísticas de Salud.[87]

Las disparidades raciales y étnicas persisten en el tratamiento ambulatorio de la COVID-19 entre pacientes afroamericanos, hispanos y nativos americanos, según el informe de los Centros para el Control y la Prevención de Enfermedades (CDC, siglas en inglés) de Estados Unidos publicado el 28 de octubre de 2022. La pandemia de la COVID-19 ha causado un impacto desproporcionado en los grupos minoritarios raciales y étnicos, según los CDC.[88]

Los servicios de salud inequitativos afectan el derecho a la vida de los pacientes pertenecientes a minorías. Las poblaciones hispanas en California perdieron 5,7 años de esperanza de vida entre 2019 y 2021. Las poblaciones afroamericanas perdieron 3,8 años y las poblaciones asiáticas perdieron tres años, mientras que las poblaciones blancas perdieron 1,9 años, según un estudio de la Escuela de Asuntos Públicos e Internacionales de Princeton publicado el 7 de julio de 2022.[89]

Los indios americanos no han visto aliviada su miseria. "La primera raíz de Estado Unidos fue el genocidio colonial de sus pueblos indígenas. Esta raíz sigue siendo un pilar fundamental de la sociedad estadounidense y se penetra en su cultura".[90] El Departamento del Interior de Estados Unidos publicó la primera parte de la "Iniciativa federal de internados indígenas" el 11 de mayo de 2022, en la cual admitió los esfuerzos anteriores del Gobierno federal para asimilar a los niños nativos americanos en la sociedad blanca de Estados Unidos separándolos de sus familias y despojándolos de sus idiomas y culturas.

El documento señaló que desde 1819 hasta 1969 se establecieron 408 internados indígenas en 37 estados, donde los niños y adolescentes estaban sujetos a metodologías sistemáticas de orden militar y de alteración de identidad por parte del Gobierno federal, que incluían llevar nombres en inglés, cortes de cabello y la prohibición de usar sus idiomas nativos y ejercer sus religiones y prácticas culturales. La investigación inicial encontró que 19 internados fueron responsables de la muerte de más de 500 niños indios americanos, nativos de Alaska y de Hawái. Se espera que el número de muertes registradas aumente a decenas de miles a medida que avanza la investigación.[91] "Es un genocidio", dijo Marsha Small, investigadora de los cheyenes del norte.

Donald Neconie, un anciano tribal nativo americano que fue estudiante en un internado indio apadrinado por el Gobierno, testificó sobre los sufrimientos que experimentó, entre ellos palizas, azotes, agresiones sexuales, cortes de pelo forzados y apodos dolorosos. Neconie recordó que lo golpeaban si hablaba su idioma nativo, el kiowa. "Cada vez que intentaba hablar en kiowa me metían lejía en la boca (...) Fueron 12 años de infierno (...) Nunca, nunca perdonaré a esta escuela por lo que me hicieron", dijo.[92]

El sufrimiento de los indios nativos no ha cesado hasta la actualidad. La NPR informó el 8 de agosto de 2022 que la severa inflación ha tenido un grave impacto en la vida de las minorías étnicas de Estados Unidos, entre las cuales los indígenas son los más afectados. Más de dos tercios de los indígenas han padecido serios problemas económicos.[93]

Un informe de los CDC de Estados Unidos demuestra que las muertes maternas de las indígenas americanas y nativas de

Alaska son más del doble de las blancas, por causas relacionadas con el embarazo, pero a menudo se subestiman en los datos de salud debido a una clasificación errónea, reportó el 19 de septiembre de 2022 el diario USA Today. Según el análisis, más del 90 por ciento de las muertes de madres indígenas eran prevenibles. "Tanto en los afroamericanos como en los nativos americanos, vemos esta histórica y desafortunada disparidad constante en los resultados", dijo la Dra. Andrea Jackson, jefa de división de obstetricia y ginecología de la Universidad de California en San Francisco.[94]

IV. La agravada crisis de supervivencia de la clase baja

Estados Unidos vive una ampliación de la brecha de riqueza, un empeoramiento de las condiciones de vida de los grupos de bajos ingresos, un aumento de personas sin hogar, un abuso de drogas que amenaza la vida y la salud, y una disminución de la esperanza de vida promedio. La clase baja estadounidense se enfrenta a una grave crisis de supervivencia.

La brecha de riqueza se ha ampliado aún más. Estados

Unidos es una sociedad pobre con muchos súperricos.[95] A través de un análisis profundo sobre la sociedad estadounidense, la cuarta edición del libro *Sociedad de nueva clase: ¿Adiós al sueño americano?*, escritos por el profesor Earl Wysong, de la Universidad de Indiana Kokomo, el profesor Robert Perrucci, de la Universidad Purdue, y el profesor David Wright, de la Universidad Estatal de Wichita, expone la amplia desigualdad en clase, género y raza en Estados Unidos, reseñando una nueva estructura social polarizada en forma de doble diamante y compuesta por la clase privilegiada, que ocupan el 20 por ciento de la población y son ricos y estables, y la nueva clase obrera, que ocupan el restante 80 por ciento y son cada vez más pobres e inestables.[96]

Según los datos publicados por Statista, el 30 de septiembre de 2022, el coeficiente de Gini en Estados Unidos llegó a un récord histórico de 0,49 en 2021, y la tasa de pobreza aumentó por segundo año consecutivo con 37,9 millones de personas en situación de pobreza.[97]

Según las estadísticas de la Reserva Federal de Estados Unidos, la riqueza total del 1 por ciento de la población del país alcanzó un récord de 45,9 billones de dólares estadounidenses a fines del cuarto trimestre de 2021 y su riqueza registró un aumento de más de 12 billones de dólares, o más de un tercio, durante la pandemia de la COVID-19.[98] De los aproximadamente 1,7 billones de dólares en exceso de ahorro que tenían los hogares estadounidenses a mediados de 2022, la mitad superior disponía de alrededor de 1,35 billones de dólares, mientras que la mitad inferior solo contaba con 350.000 millones de dólares.[99]

La inflación sigue golpeando a los hogares de bajos ingresos. Aunque los ahorros de los residentes de Estados Unidos se han agotado, las necesidades como la reparación de automóviles, los alimentos y la vivienda se vuelven mucho más caras, informó The New York Times el 25 de noviembre de 2022. Mientras tanto, los precios aumentaron un 7,7 por ciento interanual en los primeros diez meses de 2022, dejando el mayor impacto negativo a los grupos de bajos ingresos.[100]

Lael Brainard, una gobernadora de la Reserva Federal, dijo que los hogares de bajos ingresos gastan el 77 por ciento de sus ingresos en necesidades básicas, en comparación con solo el 31 por ciento para los hogares de mayores ingresos.[101]

El análisis publicado el 12 de abril de 2022 por las Asociaciones Nacionales de Directores de Asistencia Energética muestra que para las familias de ingresos bajos y moderados, que constituyen el 40 por ciento de los hogares en la sociedad estadounidense, el fuerte aumento en los precios de la energía obligaría a muchas personas a pagar las facturas adicionales sin poder adquirir bienes y servicios básicos.[102]

La cantidad de personas sin hogar ha aumentado dramáticamente. Según datos del Departamento de Vivienda y Desarrollo Urbano de Estados Unidos, un promedio diario de unos 582.500 estadounidenses vivían sin hogar en 2022, y el 40 por ciento de ellos se alojaban en calles sin protección, edificios abandonados u otros entornos hostiles.[103]

Durante los últimos tres años, el total de personas sin un lugar estable para vivir en California aumentó al menos 22.500 hasta llegar a 173.800. Sin embargo, el estado solamente ofreció alrededor de 5.000 camas para personas sin hogar, frente a unas 16.000 brindadas en agosto de 2020, según el Departamento de Servicios Sociales del estado.[104]

El diario Los Angeles Times informó el 21 de diciembre

de 2022 que la cantidad de personas sin hogar en Long Beach, California aumentó drásticamente un 62 por ciento en comparación con 2020, incluidas 1.282 personas con discapacidades que permanecieron sin hogar por un largo tiempo.[105]

Según una investigación publicada en la revista California Law Review por Sara K. Rankin, profesora de la Facultad de Derecho de la Universidad de Seattle y fundadora y directora del Proyecto de Defensa de los Derechos de las Personas sin Hogar, las personas sin casa en Estados Unidos suelen ser los "grupos marginados que incluyen los discapacitados, los negros, los inmigrantes, los refugiados y las minorías sexuales", que son objeto de persecución, detención, encarcelamiento o segregación que les impiden integrarse en sus comunidades, lo que representa una discriminación sistemática en Estados Unidos.[106]

La esperanza de vida ha disminuido significativamente. Un informe publicado por el Centro Nacional de Estadísticas de Salud de los CDC en agosto de 2022 muestra que la esperanza de vida en el país norteamericano disminuyó 2,7 años entre 2019 y 2021 a 76,1 años, la más baja desde 1996. Los nativos americanos no hispanos y nativos de Alaska experimentaron el mayor declive: 6,6 años.[107]

Las disminuciones dramáticas en la esperanza de vida son infrecuentes en tiempos de paz.

Los datos publicados por los CDC muestran que, al 29 de diciembre de 2022, Estados Unidos reportó más de 1,08 millones de muertes por la COVID-19, incluidas más de 260.000 en 2022.[108]

Si bien los políticos de Estados Unidos no dicen nada sobre la esperanza de vida, la misma es probablemente el indicador más importante para evaluar cuán buena es la vida de un país e incluso, hasta cierto punto, cuán poderoso es un país, informó el periódico alemán Die Welt el 15 de enero de 2023.

Además de la pandemia de la COVID-19, las causas de la dramática disminución de la esperanza de vida en Estados Unidos incluyen el abuso de fármacos, la violencia armada y otros factores.[109] Según un estudio conjunto publicado en el British Medical Journal por académicos de la Universidad de la Mancomunidad de Virginia, la Universidad de Colorado Boulder y el Instituto Urbano, el deterioro de la situación de salud, las altas tasas de mortalidad y la continua injusticia contra las minorías en Estados Unidos son en gran parte el producto de las políticas inadecuadas en el largo plazo y el racismo sistemático. La mortalidad masiva por la COVID-19 refleja no solo la inconveniencia de las decisiones políticas en respuesta a la pandemia, sino también el deterioro de la situación de salud durante las últimas décadas.[110]

El Gobierno de Estados Unidos promueve activamente la legalización de la marihuana sin importar la salud de las personas. La marihuana es un estupefaciente controlado por las convenciones internacionales de control de drogas de la ONU.

En la década de 1970, Estados Unidos promulgó la Ley de Sustancias Controladas (CSA, siglas en inglés), que clasificó a la marihuana como una sustancia controlada por el Gobierno federal. Los Gobiernos federal y estatales no lograron supervisar y controlar el abuso de drogas y fármacos, e incluso impulsaron la legalización de la marihuana bajo el cabildeo de grupos de interés, convirtiendo a más jóvenes en víctimas.

En su libro *¿Puede triunfar la yerba legal? Las crudas realidades de la economía del cannabis* publicado en 2022, Robin Goldstein y

Daniel Sumner, investigadores de la Universidad de California en Davis, subrayan que uno de los sueños imposibles detrás del impulso a la legalización es la intención de hacer del cannabis legal una nueva fuente de ingresos para el Gobierno a través de los impuestos.[111]

Las ventas de marihuana en Estados Unidos han superado los 30.000 millones de dólares hasta el momento, y se espera que alcance los 65.000 millones de dólares para 2030.[112]

Según los datos publicados por Open Secrets, de 2018 a 2021 algunas empresas y asociaciones comerciales relacionadas con la marihuana y sus productos en Estados Unidos gastaron más de 16,6 millones de dólares en cabildeo político, cuyo promedio anual representa diez veces de la de 2016.[113] En 2022 gastaron más de 5,6 millones de dólares en cabildeo.[114] Empresas y organizaciones relacionadas con la marihuana y los políticos intercambian poder por dinero y forman grupos de interés, lo que permite que el abuso de drogas y fármacos se vuelva cada vez más grave, reflejando el fracaso de la gobernanza social del Gobierno estadounidense.[115]

El abuso de drogas y fármacos ponen en peligro la vida

y la salud de la gente. Según una encuesta publicada por la Administración de Salud Mental y Abuso de Sustancias de Estados Unidos, 59,3 millones de estadounidenses mayores de 12 años de edad abusaron de drogas en 2020, de los cuales 49,6 millones fumaron marihuana.[116]

Según información pública de los CDC, casi el 40 por ciento de los estudiantes de bachillerato estadounidenses usan marihuana durante mucho tiempo.[117]

Según un informe publicado por los Institutos Nacionales de Salud de Estados Unidos en agosto de 2022, el 43 por ciento de los jóvenes estadounidenses fumaron marihuana dentro de un año, el 8 por ciento consumieron alucinógenos y el 11 por ciento fuman marihuana todos los días, el nivel más alto de la historia.[118]

Según un estudio publicado el 4 de agosto de 2022 por el Instituto de Estudios de Políticas de Manhattan, la cantidad de estadounidenses que mueren a causa de sobredosis de drogas ha aumentado drásticamente en los últimos años, en más de 100.000 por año.[119]

Más de 107.000 casos de muerte por sobredosis de drogas

ocurrieron en el periodo de 12 meses que terminó en agosto de 2022, según datos provisionales de los CDC de Estados Unidos.

Marta Sokolowska, directora adjunta del Centro de Uso de Sustancias y Salud Conductual del Centro de Evaluación e Investigación de Medicamentos de la FDA en Estados Unidos, señala que el abuso de fármacos se ha convertido en una de las crisis de salud pública más devastadoras en esa nación.[120]

La ausencia de gobernanza pone en peligro los derechos ambientales. La American Broadcasting Company (ABC) informó el 21 de junio de 2022 que en Luisiana, una gran cantidad de desechos industriales ha causado muchos "callejones de cáncer" a lo largo del río Mississippi, elevando el riesgo de cáncer debido a la contaminación del aire con un 95 por ciento más alto que el resto del país.[121]

El Chicago Tribune informó el 13 de julio de 2022 que se detectó al menos una sustancia de perfluoroalquilo y polifluoroalquilo, conocidas como sustancias químicas de larga permanencia que pueden ser dañinas para la salud, en el agua potable de más de ocho millones de residentes de Illinois, lo que representa alrededor del 60 por ciento de la población local.[122]

En el contexto del deterioro de la situación ambiental, el Tribunal Supremo de Estados Unidos dictó en junio de 2022 que la Agencia de Protección Ambiental no tiene derecho a regular las emisiones de carbono sin la autorización del Congreso, tampoco puede exigir a las centrales eléctricas que cambien de combustibles fósiles a energías renovables.[123]

Stephane Dujarric, vocero de las Naciones Unidas, señaló que el fallo del Tribunal Supremo de Estados Unidos fue "un retroceso en nuestra lucha contra el cambio climático".[124]

V. El revés histórico para los derechos de mujeres y niños

En 2022, se produjo un revés importante en la protección de los derechos de las mujeres y niños en Estados Unidos. El derecho de la mujer al aborto fue privado de protección constitucional. Los abusos sexuales en las escuelas, el ejército y las prisiones siguen siendo muy numerosos. Las vidas y derechos legales de los niños enfrentan amenazas serias.

La ilegalización del aborto vulnera los derechos de las mujeres. En 2022, la Corte Suprema de Estados Unidos tumbó los casos Roe contra Wade y Planned Parenthood contra Casey que garantizaban el derecho de la mujer a abortar, acabando con medio siglo de protección constitucional, lo que podría conducir a la prohibición del aborto en aproximadamente la mitad de los estados.[125] Reuters informó el 1 de diciembre de 2022 que el fiscal general de Indiana dio instrucciones al consejo médico del estado para que sancionara a un doctor que practicó un aborto a una niña de diez años que había sido violada en Ohio, la cual no pudo abortar porque Ohio prohíbe interrumpir cualquier embarazo después de seis semanas.[126]

La BBC informó el 29 de junio de 2022 que el secretario de Sanidad de Estados Unidos, Xavier Becerra, dijo que "es difícil creer que Estados Unidos se coloca en el furgón de cola, retrocede, cuando el resto del mundo evoluciona concediendo a las mujeres unos derechos que deberían haber podido disfrutar desde hace tiempo".[127]

Michelle Bachelet, la entonces Alta Comisionada para los Derechos Humanos de la ONU, apuntó el 24 de junio de 2022 que la decisión de la Corte Suprema de Estados Unidos sobre el aborto es "un enorme golpe a los derechos de las mujeres y la igualdad de género", y "representa un importante retroceso tras cinco décadas de protección sobre los derechos sexuales y la salud reproductiva a través de Roe contra Wade en Estados Unidos".[128]

Las cifras de abusos sexuales a mujeres son estremecedoras. Una de cada cinco estudiantes en Estados Unidos asegura haber sido abusada sexualmente en la institución de enseñanza superior, traumatizándolas durante toda su etapa estudiantil.[129]

La CNN informó el 1 de septiembre de 2022 de que los abusos sexuales dentro del ejército estadounidense repuntaron un 13 por ciento en 2021, con una cuarta parte de mujeres reconociendo haber sido abusadas durante el servicio y la mitad haber sufrido acoso sexual.[130]

El Senado de Estados Unidos publicó el 13 de diciembre de 2022 un documento de investigación, reconociendo que durante la pasada década los abusos sexuales sobre la población femenina encarcelada, por parte de los funcionarios de prisiones, se produjeron en más de dos tercios de las cárceles federales, con 5.415 casos denunciados por las autoridades en Estados Unidos.[131]

La agencia AP informó el 6 de febrero de 2022 que en 2020 hubo 422 denuncias contra funcionarios de prisiones por abusar sexualmente de las prisioneras. Una prisión federal de mujeres en Dublin, California, ha recibido el sobrenombre de "el club de la violación", donde las presas aseguran haber sido víctimas de abusos sexuales rampantes por funcionarios del correccional e incluso el alcaide.[132]

El descontrol de la violencia por armas de fuego amenaza las vidas de los niños. El 14 de octubre de 2022, la Kaiser Family Foundation publicó un informe señalando que, de 2011 a 2021, cerca de 18.500 niños de 17 años y menores fueron asesinados violentamente con armas de fuego en Estados Unidos. En 2021, murió una media de siete menores al día por disparos.[133]

El 11 de diciembre de 2022, The Washington Post publicó que más de 5.800 menores de 18 años resultaron heridos o murieron asesinados por disparos en Estados Unidos durante 2022. A día 1 de diciembre de 2022, las muertes violentas de menores por disparos aumentaron más de un 100 por ciento con respecto a 2021, mientras que los niños implicados en tiroteos sin víctimas mortales se incrementaron un 80 por ciento.[134]

En junio de 2022, el presidente de Estados Unidos, Joe Biden, admitió públicamente que "las armas de fuego son el asesino número uno de niños en los Estados Unidos de América. El número uno. Más que los accidentes de tráfico. Más que las muertes por cáncer".[135]

Los tiroteos en escuelas siguen aumentando. Estados Unidos es el país con la mayor frecuencia de tiroteos en los colegios del mundo. Según la base de datos K-12 School Shooting Database, el número de tiroteos en las escuelas estadounidenses fue de 302 en 2022, la cifra más elevada desde 1970. El número de damnificados alcanzó los 332, el más elevado en los últimos cinco años.[136]

El 24 de mayo de 2022 se produjo un grave tiroteo masivo en la Escuela Primaria Robb de Uvalde, Texas. Un estudiante de bachillerato, de 18 años, entró al campus armado con un rifle de asalto AR-15, adquirido en una tienda de deportes, y mató a 19 estudiantes y dos profesoras. Se trata del tiroteo más mortífero después del vivido en la Escuela Primaria Sandy Hook en 2012.[137]

En sus declaraciones sobre el incidente, Biden reconoció

que, desde el tiroteo de Sandy Hook hace una década, se han producido más de 900 tiroteos en escuelas. "Lo que me impacta es que este tipo de tiroteos masivos raramente suceden en otros lugares del mundo", declaró.[138]

The Washington Post reportó el 28 de mayo de 2022 que la K-12 School Shooting Database ha registrado más de 2.500 casos de amenazas de tiroteos en colegios desde 2018.[139]

Según un reportaje de la BBC del 25 de mayo de 2022, Cheryl Lero Jonson, experta estadounidense sobre tiroteos en escuelas, apuntó que los jóvenes estadounidenses de ahora se han convertido en una "generación de tiradores masivos".[140]

Las tasas de pobreza infantil son desproporcionadamente altas. Según datos publicados el 13 de septiembre de 2022 por el Buró del Censo de Estados Unidos, la tasa nacional de pobreza en Estados Unidos fue del 12,8 por ciento en 2021, mientras que entre los menores fue del 16,9 por ciento. En los estados de Mississippi y Louisiana, así como Washington D.C., las tasas de pobreza infantil se elevan al 27,7 por ciento, 26,9 por ciento y 23,9 por ciento respectivamente.[141]

Una investigación del Centro sobre Pobreza y Política Social de la Universidad de Columbia apuntó que la tasa de pobreza infantil en Estados Unidos subió del 12,1 por ciento en diciembre de 2021 al 16,6 por ciento en mayo de 2022, con 3,3 millones más de niños en situación de pobreza.[142]

El libro *Los estadounidenses invisibles: El trágico coste de la pobreza infantil*, escrito por el columnista estadounidense, Jeff Madrick, apunta que Estados Unidos es un país con prejuicios históricos hacia la pobreza, incapaz incluso de reconocer las cifras reales ni mucho menos reducir las cifras de pobreza general e infantil. Medido con un estándar más justo y actualizado, el número real de pobres en Estados Unidos se sitúa en torno a los 60 millones, mientras que la cifra auténtica de pobreza infantil podría sobrepasar los 20 millones.[143] "La pobreza infantil en Estados Unidos es una desgracia".[144]

Continúa el empleo ilegal de mano de obra infantil a pesar de las prohibiciones recurrentes. Según las estimaciones del Centro Nacional para la Salud de los Agricultores, una organización sin fines de lucro de Estados Unidos, entre 300.000 y 800.000 menores fueron empleados en el sector agrícola de Estados Unidos.[145]

La revista Slate apuntó que los empleadores de comida rápida cometieron una serie de violaciones en el trabajo infantil, haciendo trabajar un número excesivo de horas a los adolescentes, superando los límites para proteger el derecho de los menores a la salud y la educación.

La constante prohibición del empleo infantil siempre termina en fracaso porque la causa del mismo subyace en los vacíos legales del sistema estadounidense.

Afectado por la pandemia de la COVID-19 y la crisis en la cadena de suministro, Estados Unidos ha estado sufriendo escasez de mano de obra. Muchos estados han aprobado leyes para extender los horarios laborales de los menores.

Según el Departamento de Trabajo de Estados Unidos, millones de adolescentes estadounidenses estaban empleados en agricultura, restauración, sector minorista, ocio e industrias de la construcción en 2022.[146]

Según una noticia de Reuters publicada el 28 de febrero de 2023, el asunto del empleo ilegal entre los menores se ha convertido en algo cada vez más serio, tras haber experimentado un alza cercana al 70 por ciento en la vulneración de los derechos del menor en el trabajo desde 2018.

Según datos del Departamento del Trabajo de Estados Unidos correspondientes al último año fiscal, se descubrió que 835 empresas vulneraron derechos laborales de los menores empleando a 3.800 niños, mientras que el empleo de menores en actividades de riesgo se incrementó un 26 por ciento.[147]

El diario USA Today reportó el 13 de noviembre de 2022 que una empresa de limpieza de Wisconsin fue acusada de emplear a más de 30 menores, de entre 13 y 17 años, como limpiadores en plantas procesadoras de carne y granjas. Varios empleados menores de edad sufrieron heridas durante su actividad, incluido un niño de 13 años que se quemó con químicos corrosivos de limpieza.[148]

Reuters publicó el 16 de diciembre de 2022 que al menos cuatro grandes proveedores de empresas automovilísticas han empleado a menores en compañías de Alabama, mientras empresas de contratación han suministrado menores inmigrantes para trabajar en las fábricas.[149]

Actualmente, Estados Unidos sigue siendo el único país de los 193 países miembros de las Naciones Unidas que no ha estampado su firma en la Convención de los Derechos del Niño. Las perspectivas de solución para el problema del trabajo infantil son desalentadoras.

Las condiciones de detención en los correcionales de menores son duras. El diario The Houston Chronicle informó el 23 de agosto de 2022 sobre las paupérrimas condiciones del centro de detención de menores localizado en Gatesville, Texas.

Los adolescentes que cumplen penas por graves delitos son aislados en celdas estrechas durante 23 horas diarias. En lugar de dejarles salir al servicio, se les dan botellas vacías para hacer ahí sus necesidades. Los programas deportivos y otras actividades dirigidas a rehabilitar y orientar a los jóvenes conflictivos han sido eliminadas. En lugar de ir a clase, se les asignan deberes para hacer dentro de la celda, impidiendo su acceso a asesoramiento y terapia.[150]

El 29 de noviembre de 2022, Los Angeles Times reveló que el sistema juvenil de detención del condado de Los Ángeles se sumió en el caos. La crisis de personal en los centros juveniles de detención provocó conflictos frecuentes entre los jovenes internos y la dura respuesta de sus guardias. El aislamiento creciente, la falta de estructura de apoyo y la violencia tuvieron efectos que diezman la salud mental de los jóvenes. Un menor encarcelado aseguró no sentirse "tratado como un ser humano".[151]

VI. La violación flagrante de los derechos humanos y de la justicia en otros países

El académico estadounidense, John Mearsheimer, señala que, bajo la política de "hegemonía liberal", Estados Unidos tiende a provocar guerras constantemente, lo cual aumenta los conflictos dentro del sistema internacional y crea inestabilidad. "Estos conflictos armados suelen acabar en fracaso, a veces de forma desastrosa, sobre todo a expensas del Estado que supuestamente está siendo rescatado por el 'Goliat liberal'".[152]

Estados Unidos persigue la política de poder en la comunidad internacional, usa con frecuencia la fuerza, provoca guerras subsidiarias, impone sanciones unilateral e indiscriminadamente, viola gravemente los derechos de la población inmigrante, rechaza clausurar el campo de detención de la Bahía de Guantánamo y se torna en destructor de la paz global, el desarrollo y un obstáculo para el desarrollo de los derechos humanos.

Las operaciones militares en el exterior provocan catástrofes humanitarias. El medio estadounidense sin ánimo de lucro Common Dreams elaboró un artículo titulado "Warren y Jacobs acusan al Pentágono de contabilizar muy a la baja los civiles asesinados por el ejército de Estados Unidos", el 20 de diciembre de 2022, señalando que según el grupo de monitoreo basado en Reino Unido, Airwars, los bombardeos aéreos de Estados Unidos han matado al menos a 48.000 civiles en cerca de 100.000 ofensivas en Afganistán, Irak, Libia, Pakistán, Somalia, Siria y Yemen desde 2001.[153]

Según datos del proyecto Los Costes de la Guerra, de la Universidad de Brown, el Gobierno de Estados Unidos ha ejecutado actividades que denomina "antiterroristas" en 85 países desde que se inició el siglo XXI, matando directamente a 929.000 personas y desplazando a otros 38 millones. Las operaciones militares de Estados Unidos en el mundo van acompañadas de la violación de las libertades civiles y derechos humanos tanto dentro como fuera del país.[154]

Una mujer y dos niños fueron asesinados tras el ataque de

un dron estadounidense en la zona de Al-Hadba, en Al-Wadi, Yemen, el 30 de noviembre de 2022.[155]

"La violencia caracteriza al Estados Unidos moderno al interior de sus fronteras y en su conducta en el exterior, desde la prevalencia de las muertes por armas de fuego hasta las controversias sobre los ataques militares preventivos y bombardeos con drones".[156]

Conspirar entre bambalinas para provocar guerras instrumentalizando a terceros. Para perseguir sus propios intereses, Estados Unidos actúa como una "mano negra" entre bambalinas para provocar guerras en otros países y regiones.

Colm Quinn, articulista en la revista Foreign Policy, publicó una pieza el 14 de julio de 2022 diciendo que las operaciones de Estados Unidos no solo se limitan a la región del Medio Oriente, sino que han ampliado su espectro geográfico a otros países y regiones, aunque de una manera más encubierta.

Katherine Yon Ebright, consejera del Programa sobre Libertad y Seguridad Nacional del Centro Brennan para la Justicia, lo describió como una "guerra de huella ligera". Bajo el programa conocido como "127e", las fuerzas de operaciones especiales estadounidenses están autorizadas a entrenar fuerzas delegadas para ejecutar misiones en el exterior. Milicianos extranjeros con acceso a armamento, entrenamiento e inteligencia estadounidenses son desplegados en misiones lideradas por Estados Unidos contra sus enemigos y para cumplir con sus objetivos. De 2017 a 2020, el Pentágono lanzó 23 guerras subsidiarias en nombre del "127e" en las regiones de Medio Oriente y Asia-Pacífico. Al menos una docena de países han participado en operaciones para atacar a Siria, Yemen, Irak, Túnez, Camerún o Libia, entre otros.[157]

Imposición arbitraria de sanciones unilaterales de largo plazo. En años recientes, las sanciones unilaterales impuestas por Estados Unidos sobre otros países han aumentado exponencialmente, lo cual ha reducido la capacidad y el nivel en la protección de los derechos humanos de los países sancionados.

El diario bangladesí The Daily Star reportó el 28 de diciembre de 2022 que Estados Unidos, el sancionador unilateral más prolífico del mundo, ha impuesto sanciones actualmente sobre más de 20 países, incluida Cuba, desde 1962; Irán, desde 1979; Siria, desde 2011 y Afganistán, en años recientes. Muchos de ellos son incapaces de suministrar alimentos básicos ni medicinas a sus poblaciones.[158]

The Washington Post reveló el 13 de junio de 2022 que cerca de la mitad de los afganos no tienen alimentos suficientes, por lo que está aumentando la malnutrición infantil.[159]

El 20 de diciembre de 2022, varios expertos independientes del Consejo de los Derechos Humanos de la ONU emitieron un comunicado conjunto denunciando que las sanciones de Estados Unidos contra Irán contribuyen a su degradación medioambiental, impidiendo a todos los iraníes disfrutar plenamente de sus derechos a la salud y la vida y vulnerando el derecho del pueblo iraní a un medioambiente limpio.[160]

El 10 de noviembre de 2022, la relatora especial de la ONU sobre el impacto de las medidas coercitivas unilaterales sobre los derechos humanos, Alena Douhan, declaró que las sanciones unilaterales ha exacerbado el sufrimiento del pueblo sirio, siendo esto una grave vulneración de sus derechos humanos.[161]

La obsesión estadounidense de imponer sanciones ha desatado crisis de derechos humanos en otros países recibiendo una fuerte condena por parte de la comunidad internacional.

El 3 de noviembre de 2022, la Asamblea General de la ONU votó condenar el embargo económico, comercial y financiero de Estados Unidos sobre Cuba por trigésimo año. De los 193 países miembros de la Asamblea General, 185 votaron a favor.[162]

Socavar constante y deliberadamente la gobernanza global sobre el clima. Estados Unidos, en términos acumulativos, es el primer emisor mundial de gases de efecto invernadero con una elevada emisión de carbono por habitante. Sin embargo, rechazó ratificar el Protocolo de Kyoto, se retiró una vez de forma arbitraria del Acuerdo de París y retrasó el cumplimiento de sus compromisos con el Fondo Verde del Clima. Incluso tras volver al Acuerdo de París, Estados Unidos no ha traducido todavía sus compromisos en hechos concretos. Al contrario, ha instrumentalizado el cambio climático como una herramienta para la lucha partidista doméstica con que lleva a cabo manipulaciones políticas.

Según estimaciones de la firma de investigaciones económicas Rhodium Group, publicadas el 10 de enero de 2023, las emisiones estadounidenses de gases de efecto invernadero aumentaron un 1,3 por ciento interanual en 2022. Falta sinceridad y efectividad a la hora de cumplir con las obligaciones del Acuerdo de París.[163]

El proyecto Los Costes de la Guerra, de la Universidad de Brown, revela que el Departamento de Defensa de Estados Unidos es uno de los principales emisores de gases de efecto invernadero del mundo. Las guerras posteriores al 11 de septiembre de 2001 también "han contribuido de manera significativa" al cambio climático.[164]

Las políticas migratorias excluyentes provocan tragedias. Estados Unidos arresta masivamente a personas migrantes en su frontera sur creando una grave crisis humanitaria. Cerca de 2,4 millones de migrantes fueron arrestados en la frontera estadounidense durante 2022, un crecimiento del 37 por ciento con respecto a 2021, la cifra más alta de toda la historia.[165]

El derecho a la vida de los migrantes está seriamente amenazado. Un reportaje del canal Fox News del 22 de octubre de 2022 dijo que 856 migrantes perdieron la vida en la frontera sur de Estados Unidos durante 2022, otro récord histórico.[166]

El diario Mexico News Daily informó el 16 de noviembre de 2022 que el gobernador de Texas, Greg Abbott, declaró una "invasión" de inmigrantes en la frontera estadounidense con México, añadiendo que adoptaría medidas como desplegar a la Guardia Nacional para expulsar a los migrantes ilegales, además de lanchas patrulleras armadas para defender la frontera.[167]

La CNN reportó el 16 de diciembre de 2022 que las políticas migratorias de Estados Unidos ponen en peligro a los inmigrantes y solicitantes de asilo, con miles de ellos secuestrados, abusados sexualmente o atacados con violencia.[168]

La estrategia migratoria se ha roto en mil pedazos bajo el contexto de polarización política. Los migrantes han quedado reducidos a una herramienta de división partidista, sufriendo una xenofobia extrema, además de un trato cruel. La mascarada de "soltar" inmigrantes se ha vuelto algo habitual. El 26 de diciembre de 2022, la CNN informó de que más de 100 inmigrantes, niños incluidos, fueron trasladados a Washington D.C. para ser abandonados en la carretera durante la Nochebuena de 2022. Aquellos inmigrantes apenas vestían unas camisetas de manga corta mientras estaban expuestos a temperaturas bajo cero.[169]

Volker Türk, el Alto Comisionado de la ONU para los

Derechos Humanos, criticó la política migratoria de Estados Unidos en la frontera como una amenaza contra el derecho fundamental de los solicitantes de asilo, además de socavar los principios internacionales de los derechos humanos y leyes de refugiados.[170]

Renuncia a cerrar el campo de detención de la Bahía de Guantánamo, establecido en 2002, que llegó a albergar un máximo de 780 prisioneros, muchos de los cuales fueron detenidos sin juicio y sujetos a un trato cruel e inhumano.

El campo es "un horrible capítulo de violación implacable de los derechos humanos" por parte de Estados Unidos.[171] Fionnuala Ní Aoláin, relatora especial de la ONU para la promoción y protección de los derechos humanos y libertades fundamentales en la lucha contra el terrorismo, así como otros expertos independientes, hicieron público un comunicado conjunto en enero de 2022, apuntando que la tristemente célebre cárcel de Guantánamo es "una mancha en el compromiso del Gobierno estadounidense con el imperio de la ley".

Exigieron que el Gobierno de Estados Unidos cierre la cárcel y proporcione remedio y reparación a aquellos atrozmente torturados y detenidos arbitrariamente, al mismo tiempo de hacer responsables a las personas que autorizaron o formaron parte activa de las torturas, tal como establece el derecho internacional.[172]

Reference

1 Lara Williams, "America goes backward for its 246th birthday," Bloomberg, July 3, 2022.
https://www.bloomberg.com/opinion/articles/2022-07-03/supreme-court-rulings-send-america-backward-on-its-246th-birthday-l559hegy.

2 J. David Goodman, "Texas goes permitless on guns, and police face an armed public," *New York Times*, October 28, 2022.
https://www.nytimes.com/2022/10/26/us/texas-guns-permitless.html.

3 Lois Beckett, "Six million Americans carried guns daily in 2019, twice as many as in 2015," *Guardian*, November 25, 2022.
https://www.theguardian.com/us-news/2022/nov/25/how-many-americans-carry-guns-daily.

4 Pamela Haag, *The gunning of America: Business and the making of American gun culture*, trans. Li Xiaolong (Beijing: Citic Press, 2018), Preface pp.1-19, Content pp. 454-463.

5 "Editorial: Gun violence is America's way of life — and death," *Los Angeles Times*, April 4, 2022.
https://www.latimes.com/opinion/story/2022-04-04/editorial-gun-violence-sacramento-mass-shooting.

6 Reeping P M, Cerdá M, Kalesan B, Wiebe D J, Galea S, Branas C C, et al. "State gun laws, gun ownership, and mass shootings in the US: cross sectional time series," *BMJ*, Vol. 364, 2019.

7 Harmeet Kaur, "What studies reveal about gun ownership in the US," CNN, June 2, 2022.
https://edition.cnn.com/2022/06/02/us/gun-ownership-numbers-us-cec/index.html.

8 "US gun violence statistics 2022," Gun Violence Archive, December 24, 2022.
https://www.gunviolencearchive.org/.

9 "Editorial: Gun violence is America's way of life — and death," *Los Angeles*

Times, April 4, 2022.
https://www.latimes.com/opinion/story/2022-04-04/editorial-gun-violence-sacramento-mass-shooting.

10 Phillip Adams, "United States, no more. It is a failed state," *Australian*, June 25, 2022.
https://www.theaustralian.com.au/weekend-australian-magazine/united-states-no-more-it-is-a-failed-state/news-story/f6053c96f6ac8dca3cd0a1412cca4297.

11 Jorge L. Ortiz, "Homicides down but violent crime increased in major US cities, midyear survey says," *USA Today*, September 11, 2022.
https://www.usatoday.com/story/news/nation/2022/09/11/united-states-major-cities-violent-crime-homicides-survey/8060734001/.

12 Cameron McWhirter, "New Orleans has America's no. 1 murder rate. We're in a crisis," *Wall Street Journal*, September 16, 2022.
https://www.wsj.com/articles/new-orleans-murder-rate-crime-11663338008.

13 Jenifer Warren, "Homicides, gun assaults fall modestly in major U.S. cities as robberies spike," Council on Criminal Justice (CCJ), July 28, 2022.
https://counciloncj.org/mid-year-2022-crime-pr/.

14 Audrey Conklin, "New York City overall crime increases 31% while incarceration conservation rate stoops to 18%," Fox News, July 7, 2022.
https://www.foxnews.com/us/new-york-city-overall-crime-increases-31-while-incarceration-conservation-rate-stoops-18.

15 Harry Enten, "Americans are more worried about crime than at any other time this century," CNN, June 8, 2022.
https://edition.cnn.com/2022/06/08/politics/crime-elections-democrats-san-francisco-recall/index.html.

16 "Police have killed 1,232 people in the U.S. so far in 2022," Mapping Police Violence, March 22, 2023.
https://mappingpoliceviolence.us/.

17 Fabiola Cineas, "What we know about the deadly police shooting of Jayland

Walker," Vox, July 7, 2022.
https://www.vox.com/2022/7/7/23197430/jayland-walker-police-shooting-akron-ohio-footage.

18 Charles Kaiser, "What's prison for? Concise diagnosis of a huge American problem," *Guardian*, October 1, 2022.
https://www.theguardian.com/books/2022/sep/30/whats-prison-for-review-bill-keller-marshall-project.

19 "Justice Department finds unconstitutional conditions at Mississippi prison," Equal Justice Initiative, April 25, 2022.
https://eji.org/news/justice-department-finds-unconstitutional-conditions-at-mississippi-prison/.

20 Manny Ramos, "Cells at Illinois prison intake facility in Joliet infested with vermin, lawsuit says," *Chicago Sun-Times*, February 19, 2022.
https://chicago.suntimes.com/news/2022/2/18/22941492/lawsuit-illinois-department-correction-prisoner-intake-center-joliet-rats-mice-sewage-spoiled-food.

21 Jo Ellen Nott, "Alabama prisoners continue to die at alarming rate, more than one every week in 2022," *Prison Legal News*, Vol. 33, No. 10, 2022.

22 University of Chicago Law School, "California homeless population grew by 22,000 over pandemic," University of Chicago News, June 16, 2022.
https://news.uchicago.edu/story/us-prison-labor-programs-violate-fundamental-human-rights-new-report-finds.

23 Wendy Sawyer, Peter Wagner, "Mass incarceration: The whole pie 2022," Prison Policy Initiative, March 14, 2022.
https://www.prisonpolicy.org/reports/pie2022.html.

24 "Captive labor: Exploitation of incarcerated workers," American Civil Liberties Union (ACLU), June 15, 2022.
https://www.aclu.org/news/human-rights/captive-labor-exploitation-of-incarcerated-workers.

25 "2021 hate crimes statistics," Federal Bureau of Investigation (FBI),

December 2022.
https://cde.ucr.cjis.gov/LATEST/webapp/#/pages/explorer/crime/hate-crime.

26 "Still suspect: The impact of structural Islamophobia," Council on American-Islamic Relations (CAIR), May 24, 2022.
https://www.cairoklahoma.com/resource/still-suspect-report-2022/.

27 "US Muslims five times more likely to face police harassment due to their religion, study shows," Middle East Eye, August 23, 2022.
https://www.middleeasteye.net/news/us-muslims-five-times-more-likely-face-police-harassment-due-to-religion-study-shows.

28 Jon Schwarz, "Jimmy Carter: The US is an 'oligarchy with unlimited political bribery,'" Intercept, July 30, 2015.
https://theintercept.com/2015/07/30/jimmy-carter-u-s-oligarchy-unlimited-political-bribery/.

29 Taylor Giorno, Pete Quist, "Total cost of 2022 state and federal elections projected to exceed $16.7 billion," Open Secrets, November 3, 2022.
https://www.opensecrets.org/news/2022/11/press-release-total-cost-of-2022-state-and-federal-elections-projected-exceed-16-7-billion/.
"Candidates and political action committees spent nearly $17 billion on midterms," National Public Radio (NPR), November 10, 2022.
https://www.npr.org/2022/11/10/1135718986/candidates-and-political-action-committees-spent-nearly-17-billion-on-midterms.

30 Chris Cillizza, "A staggering amount of money has been spent on top Senate races in 2022," CNN, December 8, 2022.
https://edition.cnn.com/2022/11/08/politics/senate-race-spending-midterm-election/index.html.

31 Joseph E. Stiglitz, "Of the 1%, by the 1%, for the 1%," *Vanity Fair*, May 2011.

32 Hélène Landemore, "More power to more people: To protect democracy, we have to first figure out why it's worth saving," *Foreign Policy*, December 7,

2021.

https://foreignpolicy.com/2021/12/07/biden-democracy-summit-people-power/.

33 Jane Mayer, *Dark money: The hidden history of the billionaires behind the rise of the radical right*, trans. Li Ai (Beijing: New Star Press, 2018), p.10.

34 Ron Guillot, "Billionaires had an extra $1 trillion to influence the midterm elections. Save American democracy by taxing extreme wealth," *Fortune*, December 9, 2022.

https://fortune.com/2022/12/09/billionaires-influence-midterm-elections-save-american-democracy-taxing-extreme-wealth-politics-money-ron-guillot/.

35 John Mccrank, "Factbox: How Wall St and billionaires have donated to U.S. elections," Reuters, November 9, 2022.

https://www.reuters.com/world/us/how-wall-st-billionaires-have-donated-us-elections-2022-11-08/.

36 Ian Vandewalker, Mariana Paez, "4 takeaways about money in the midterms," Brennan Center, November 16, 2022.

https://www.brennancenter.org/our-work/analysis-opinion/4-takeaways-about-money-midterms.

37 David Sirota, Joel Warner, "Billions in 'dark money' is influencing US politics. We need disclosure laws," *Guardian*, August 29, 2022.

https://www.theguardian.com/commentisfree/2022/aug/29/billions-in-dark-money-is-influencing-us-politics-we-need-disclosure-laws.

38 J. R. Pole, *The pursuit of equality in American history*, trans. Zhang Juguo (Beijing: The Commercial Press, 2007), Preface p.1.

39 Brennan Center for Justice, "Voting laws roundup: May 2022," Brennan Center for Justice, May 26, 2022.

https://www.brennancenter.org/our-work/research-reports/voting-laws-roundup-may-2022#footnote23_mdb91j5.

40 "This cynical strategy paid major dividends for Democrats," Global Project

against Hate and Extremism, August 4, 2022. https://globalextremism.org/post/fear-and-elections/.

41 Sam Levine, "The racist 1890 law that's still blocking thousands of Black Americans from voting," *Guardian*, January 8, 2022. https://www.theguardian.com/us-news/2022/jan/08/us-1890-law-black-americans-voting.

42 "2022 state of Black America: Under siege the plot to destroy democracy — executive summary — Our right to vote is on the line: The plot to destroy our democracy," National Urban League, April 12, 2022.

43 Katie Friel Jasleen Singh, "Voter intimidation and election worker intimidation resource guide," Brennan Center for Justice, October 28, 2022. https://www.brennancenter.org/our-work/research-reports/voter-intimidation-and-election-worker-intimidation-resource-guide.

44 "This cynical strategy paid major dividends for Democrats," Global Project against Hate and Extremism, August 4, 2022. https://globalextremism.org/post/fear-and-elections/.

45 Geoffrey Skelley, Holly Fuong, "3 in 10 Americans named political polarization as a top issue facing the country," FiveThirtyEight of ABC News, June 14, 2022. https://fivethirtyeight.com/features/3-in-10-americans-named-political-polarization-as-a-top-issue-facing-the-country/.

46 Mark Murray, "Anger on their minds: NBC News poll finds sky-high interest and polarization ahead of midterms," National Broadcasting Company (NBC), October 31, 2022. https://www.nbcnews.com/meet-the-press/first-read/anger-minds-nbc-news-poll-finds-sky-high-interest-polarization-ahead-m-rcna53512.

47 Marc H, Thomas R, *Why Washington won't work: Polarization, political trust, and the governing crisis*, (Chicago: University of Chicago Press, 2015), p. 15.

48 Joe Concha, "Paul Pelosi's questionable Wall Street windfall spurs

bipartisan calls for stock trading ban," *Hill*, July 24, 2022. https://thehill.com/opinion/finance/3571790-paul-pelosis-questionable-wall-street-windfall-spurs-bipartisan-calls-for-stock-trading-ban/.

49 Morgan Phillips, "Revealed: 97 members of Congress or their families bought or sold stock that may have been a conflict of interest," *Daily Mail*, September 13, 2022. https://www.dailymail.co.uk/news/article-11209689/97-members-Congress-families-bought-sold-stock-conflict-interest.html.

50 Rebecca Ballhaus, Brody Mullins, Chad Day, John West, Joe Palazzolo and James V. Grimaldi, "Federal officials trade stock in companies their agencies oversee," *Wall Street Journal*, October 11, 2022. https://www.wsj.com/articles/government-officials-invest-in-companies-their-agencies-oversee-11665489653.

51 Michael Rubinkam, "Kids-for-cash judges ordered to pay more than $200M," Associated Press (AP), August 18, 2022. https://apnews.com/article/crime-trending-news-government-and-politics-6f30f575dc739415af1e5b47b1be50f0.

52 Thomas R. Dye, Harmon Zeigler, Louis Schubert, *The irony of democracy: An uncommon introduction to American politics (15th edition)*, trans. Lin Zhaohui (Beijing: Xinhua Publishing House, 2016), p. 3.

53 Quinnipiac Poll, "Biden's approval rating surges after hitting low mark in July, Quinnipiac University National Poll finds; Half of Americans say Trump should be prosecuted on criminal charges over his handling of classified documents," Quinnipiac University, August 31, 2022. https://poll.qu.edu/poll-release?releaseid=3854.

54 Gary Fields, Christina A. Cassidy, "Many remain critical of state of US democracy: AP-NORC poll," Associated Press (AP), October 19, 2022. https://apnews.com/article/2022-midterm-elections-presidential-election-2020-democracy-33823de7f22a601a192fc82eeb88e630.

55 Mollie Bowman, "New research shows most voters say American

democracy faces 'very serious threats,' and access to trusted news and information is the way forward," Cision PR Newswire, November 4, 2022. https://www.prnewswire.com/news-releases/new-research-shows-most-voters-say-american-democracy-faces-very-serious-threats-and-access-to-trusted-news-and-information-is-the-way-forward-301668525.html.

56 Stephanie Perry, Daniel Arkin, Patrick J. Egan and Hannah Hartig, Courtney Kennedy and Mara Ostfeld, "Inflation and abortion lead the list of voter concerns, edging out crime, NBC News Exit Poll finds," National Broadcasting Company (NBC), November 9, 2022. https://www.nbcnews.com/politics/2022-election/inflation-abortion-lead-list-voter-concerns-nbc-news-exit-poll-finds-rcna56258.

57 "Concluding observations on the combined tenth to twelfth reports of the United States of America," Committee on the Elimination of Racial Discrimination (CERD), September 21, 2022, CERD/C/USA/CO/10-12.

58 David R. Roediger, *The wages of whiteness: Race and the making of the American working class*, trans. Guo Fei, Li Yue (Shanghai: Shanghai People's Publishing House, 2022), p. 19.

59 Jennifer Agiesta, Ariel Edwards Levy, "Poll: Black Americans see racism as a persistent challenge, and few say the country's racial reckoning has brought change," CNN, August 30, 2022. https://edition.cnn.com/2022/08/30/politics/poll-black-americans-racism-change/index.html.

60 Chris Jackson, "For Latino Americans, the U.S. offers opportunity but also discrimination," Ipsos, March 29, 2022. https://www.ipsos.com/en-us/news-polls/Axios-Latino-Poll-Opportunity.

61 "The state of safety for Asian American, Native Hawaiian, and Pacific Islander women," National Asian Pacific American Women's Forum (NAPAWF), March 30, 2022. https://www.napawf.org/our-work/march-2022/state-of-safety.

62 Center for the Study of Hate and Extremism, "Report to the nation: 2020s

— Dawn of a decade of rising hate," California State University in San Bernardino (CSUSB), Summer 2022.

63 Fran Spielman, "Hate crime reports surge," *Chicago Sun-Times*, October 21, 2022. https://chicago.suntimes.com/city-hall/2022/10/20/23415326/hate-crime-reports-chicago-commission-human-relations-immigrants.

64 Hurubie Meko, Dan Higgins, "Buffalo gunman pleads guilty in racist attack that left 10 dead," *New York Times*, November 28, 2022. https://www.nytimes.com/2022/11/28/nyregion/buffalo-shooting-guilty-plea.html.

65 Lindsay Whitehurst, "US mass killings linked to extremism spiked over last decade," Associated Press (AP), February 23, 2023. https://apnews.com/article/homicide-center-crime-38ea83109a8e97f263d7fc60367b39af.

66 "Two years and thousands of voices: What community-generated data tells us about anti-AAPI hate," Stop-AAPI-Hate-National, July 20, 2022. https://stopaapihate.org/year-2-report/.

67 Frank Shyong, "Column: A search for answers to anti-Asian violence," *Los Angeles Times*, March 22, 2022. https://www.latimes.com/california/story/2022-03-22/aapi-violence.

68 Ed Shanahan, "Man hit woman in the head 125 times because she was Asian, officials say," *New York Times*, March 14, 2022. https://www.nytimes.com/2022/03/14/nyregion/yonkers-hate-crime-anti-asian-attack.html.

69 Nicki Brown, "Man who punched Asian woman more than 100 times sentenced to 17.5 years in prison," CNN, November 30, 2022. https://edition.cnn.com/2022/11/30/us/yonkers-asian-hate-crime-sentence-reaj/index.html.

70 Andrew Schneider, "Asian American and Pacific Islander voters are preparing to sue Texas for alleged discrimination in last year's redistricting,"

Houston Public Media, August 30, 2022.
https://www.houstonpublicmedia.org/articles/news/politics/2022/08/30/431667/asian-american-and-pacific-islander-voters-are-preparing-to-sue-texas-for-alleged-discrimination-in-last-years-redistricting/.

71 Mary Findling, "COVID-19 has driven racism and violence against Asian Americans: Perspectives from 12 national polls," *Health Affair*, April 12, 2022.
https://www.healthaffairs.org/do/10.1377/forefront.20220411.655787/.

72 Testimony of Erika Lee, PhD, Regents Professor of History and Asian American Studies and Director of the Immigration History Research Center at the University of Minnesota on "Discrimination and violence against Asian Americans" before the Subcommittee on Civil and Constitutional Rights Committee on the Judiciary, March 18, 2021.

73 "Concluding observations on the combined tenth to twelfth reports of the United States of America," Committee on the Elimination of Racial Discrimination (CERD), September 21, 2022, CERD/C/USA/CO/10-12.

74 "Police have killed 1,232 people in the U.S. so far in 2022," Mapping Police Violence, February 24, 2023.
https://mappingpoliceviolence.org/.

75 Elsa Chang, Alana Wise, "Wrongful convictions disproportionately affect Black Americans, report shows," National Public Radio (NPR), September 27, 2022.
https://www.npr.org/2022/09/27/1125442683/wrongful-convictions-disproportionately-affect-black-americans-report-shows.

76 Travis J, Western B, Redburn F S (eds.), *The growth of incarceration in the United States: Exploring causes and consequences* (Washington, DC: The National Academies Press, 2014), pp. 123, 303.

77 David R. Roediger, *The wages of whiteness: Race and the making of the American working class*, trans. Guo Fei, Li Yue (Shanghai: Shanghai

People's Publishing House, 2022), p. 6.

78 Jennifer Agiesta, Ariel Edwards Levy, "Poll: Black Americans see racism as a persistent challenge, and few say the country's racial reckoning has brought change," CNN, August 30, 2022. https://edition.cnn.com/2022/08/30/politics/poll-black-americans-racism-change/index.html.

79 Derenoncourt E, Kim C H, Kuhn M, et al., "Wealth of two nations: The US racial wealth gap, 1860–2020," National Bureau of Economic Research, 2022.

80 "Poverty rate in the United States by ethnic group 2021", Statista Research Department, September 30, 2022. https://www.statista.com/statistics/200476/us-poverty-rate-by-ethnic-group/.

81 Will Stone, "Poll: Black, Native American and Latino families face serious problems from inflation," National Public Radio (NPR), August 8, 2022. https://www.npr.org/2022/08/08/1115758381/inflation-black-communities-latino-native-american-families.

82 DaQuawn Bruce, "Black America is suffering disproportionately in Biden's inflation nation. It's time for a change," *USA Today*, July 19, 2022. https://www.usatoday.com/story/opinion/2022/07/19/biden-inflation-hurt-black-america/10077677002/?gnt-cfr=1.

83 "Concluding observations on the combined tenth to twelfth reports of the United States of America," Committee on the Elimination of Racial Discrimination (CERD), September 21, 2022, CERD/C/USA/CO/10-12.

84 Nathalie Jimenez, "America's race gap between black and white homeowners," BBC, July 10, 2022. https://www.bbc.com/news/business-61845304.

85 Cheyanne M. Daniels, Sylvan Lane, "Black Americans feel disproportionate pain from high interest rates," *Hill*, August 28, 2022. https://thehill.com/policy/finance/3617000-black-americans-feel-disproportionate-pain-from-high-interest-rates/.

86 "Concluding observations on the combined tenth to twelfth reports of the United States of America," Committee on the Elimination of Racial Discrimination (CERD), September 21, 2022, CERD/C/USA/CO/10-12.

87 Donna L. Hoyert, "Maternal mortality rates in the United States, 2020," National Center for Health Statistics, February 23, 2022. https://www.cdc.gov/nchs/data/hestat/maternal-mortality/2020/maternal-mortality-rates-2020.htm.

88 Boehmer T K, Koumans E H, Skillen E L, Kappelman M D, Carton T W, Patel A, August E M, Bernstein R, Denson J L, Draper C, Gundlapalli A V, Paranjape A, Puro J, Rao P, Siegel D A, Trick W E, Walker C L, Block J P, "Racial and ethnic disparities in outpatient treatment of COVID-19 — United States, January–July 2022," *Morbidity Mortality Weekly Report*, Vol. 71, No. 43, 2022.

89 Max Lee, B. Rose Huber, "Life expectancy drops from 81 to 79 years in California during COVID-19," Princeton School of Public and International Affairs, July 7, 2022. https://spia.princeton.edu/news/life-expectancy-drops-81-79-years-california-during-covid-19.

90 Roberto Sirvent, Danny Haiphong, *American exceptionalism and American innocence: A people's history of fake news — From the revolutionary war to the war on terror*, trans. Wei Leijie, Guo Xiangong (Beijing: Contemporary World Press, 2022), p. 31.

91 "Federal Indian Boarding School Initiative investigative report," Department of the Interior, May 2022.

92 Sean Murphy, "Tribal elders recall painful boarding school memories," Associated Press (AP), July 10, 2022. https://apnews.com/article/native-americans-oklahoma-city-cultures-e200ecdb445ee8ff0514d5a215a4058c.

93 Will Stone, "Poll: Black, Native American and Latino families face serious problems from inflation," National Public Radio (NPR), August 8, 2022.

https://www.npr.org/2022/08/08/1115758381/inflation-black-communities-latino-native-american-families.

94 Nada Hassanein, "'Staggering' and 'sobering': More than 80% of US maternal deaths are preventable, CDC study shows," *USA Today*, September 19, 2022.
https://www.usatoday.com/story/news/health/2022/09/19/cdc-us-maternal-deaths-preventable/10425271002/.

95 John Burn-Murdoch, "Britain and the US are poor societies with some very rich people," *Financial Times* (*FT*), September 16, 2022.
https://www.ft.com/content/ef265420-45e8-497b-b308-c951baa68945.

96 Earl Wysong, Robert Perrucci, David Wright, *The new class society: Goodbye American Dream? (fourth edition)*, trans. Zhang Haidong et al. (Beijing: Social Sciences Academic Press, 2019), pp. 1-9, pp. 20-58.

97 "Household income distribution according to the Gini Index of income inequality in the United States from 1990 to 2021," Statista Research Department, September 30, 2022.
https://www.statista.com/statistics/219643/gini-coefficient-for-us-individuals-families-and-households/.

98 Robert Frank, "Soaring markets helped the richest 1% gain $6.5 trillion in wealth last year, according to the Fed," CNBC, April 1, 2022.
https://www.cnbc.com/2022/04/01/richest-one-percent-gained-trillions-in-wealth-2021.html.

99 Jeanna Smialek, "This holiday season, the poor buckle under inflation as the rich spend," *New York Times*, November 25, 2022.
https://www.nytimes.com/2022/11/25/business/economy/economy-holiday-season.html?searchResultPosition=5.

100 Jeanna Smialek, "This holiday season, the poor buckle under inflation as the rich spend," *New York Times*, November 25, 2022.
https://www.nytimes.com/2022/11/25/business/economy/economy-holiday-season.html?searchResultPosition=5.

101 Anneken Tappe, "Inflation is a bigger threat to some Americans. Here's why," CNN, April 5, 2022. https://edition.cnn.com/2022/04/05/economy/federal-reserve-brainard-inflation/index.html.

102 "Energy inflation hits lower income families hardest," National Energy Assistance Directors Association (NEADA), April 12, 2022. https://neada.org/energyinflationpr/.

103 Office of Community Planning and Development (CPD), "The 2022 annual homelessness assessment report," Department of Housing and Urban Development (HUD), December 2022.

104 Manuela Tobias, "California homeless population grew by 22,000 over pandemic," CalMatters, October 6, 2022. https://calmatters.org/housing/2022/10/california-homeless-crisis-latinos/.

105 Salvador Hernandez, "Long Beach's new mayor calls for state of emergency to tackle homelessness," *Los Angeles Times*, December 21, 2022. https://www.latimes.com/california/story/2022-12-21/homelessness-long-beach-mayor.

106 Sara K. Rankin, "Hiding homelessness: The transcarceration of homelessness," *California Law Review*, Vol. 109, 2021.

107 Tanya Lewis, "The US just lost 26 years' worth of progress on life expectancy," Scientific American, October 17, 2022. https://www.scientificamerican.com/article/the-u-s-just-lost-26-years-worth-of-progress-on-life-expectancy/.

108 "COVID data tracker," Centers for Disease Control and Prevention, December 29, 2022. https://www.cdc.gov/coronavirus/2019-ncov/index.html.

109 "Im Schnitt 76 Jahre: Warum haben Amerikaner so ein kurzes Leben?" *WELT*, January 15, 2023. https://www.welt.de/iconist/partnerschaft/article243209025/Im-Schnitt-76-Jahre-Warum-haben-Amerikaner-so-ein-kurzes-Leben.html.

110 Steven H. Woolf, Ryan K. Masters, Laudan Y. Aron, "Effect of the Covid-19 pandemic in 2020 on life expectancy across populations in the USA and other high income countries: Simulations of provisional mortality data," *BMJ*, Vol. 373, 2021.

111 Robin Goldstein, Daniel Sumner, *Can legal weed win? The blunt realities of cannabis economics* (Oakland, California: University of California Press, 2022), pp. 182-186.

112 Chris Morris, "Legal marijuana sales in the US expected to hit $33 billion this year," *Fortune*, April 11, 2022. https://fortune.com/2022/04/11/legal-marijuana-sales-33-billion-2022/.

113 "The marijuana industry spent millions lobbying on legalization in 2021," Open Secrets, March 4, 2022. https://www.opensecrets.org/news/2022/04/the-marijuana-industry-spent-millions-lobbying-on-legalization-in-2021/.

114 "Marijuana: Lobbying, 2022," Open Secrets, February 24, 2023. https://www.opensecrets.org/industries/lobbying.php?cycle=All&ind=N09.

115 Lehman C F. "The drug crisis: Problems and solutions for local policymakers," Manhattan Institute, August 2022.

116 Substance Abuse and Mental Health Services Administration (SAMHSA), "2020 national survey on drug use and health," Department of Health and Human Services (HHS), October 26, 2021.

117 E. Jones C M, Clayton H B, Deputy N P, Roehler D R, Ko J Y, Esser M B, Brookmeyer K A, Hertz M F, "Prescription opioid misuse and use of alcohol and other substances among high school students — Youth risk behavior survey, United States, 2019," *MMWR Suppl*, Vol. 69, No. 1, 2020.

118 National Institutes of Health (NIH), "Marijuana and hallucinogen use among young adults reached all-time high in 2021," Department of Health and Human Services (HHS), August 22, 2022. https://www.nih.gov/news-events/news-releases/marijuana-hallucinogen-use-among-young-adults-reached-all-time-high-2021.

119 Lehman C F, "The drug crisis: Problems and solutions for local policymakers," Manhattan Institute, August 2022.

120 "FDA's overdose prevention framework with Dr. Marta Sokolowska," Food and Drug Administration (FDA), October 25, 2022. https://www.fda.gov/drugs/news-events-human-drugs/fdas-overdose-prevention-framework-dr-marta-sokolowska.

121 Seiji Yamashita, Jon Schlosberg, Lindsey Griswold, and Ginger Zee, "Louisiana's 'Cancer Alley' residents in clean air fight," ABC, June 21, 2022. https://abcnews.go.com/US/louisianas-cancer-alley-residents-clean-air-fight/story?id=85507551.

122 Michael Hawthorne, "More than 8 million Illinoisans get drinking water from a utility where forever chemicals have been detected, Tribune investigation finds," *Chicago Tribune*, July 13, 2022. https://www.chicagotribune.com/news/environment/ct-pfas-illinois-drinking-water-20220710-lcql5pgfjjcqrm2libb3gej5ty-htmlstory.html.

123 Nina Totenberg, "Supreme Court restricts the EPA's authority to mandate carbon emissions reductions," National Public Radio (NPR), June 30, 2022. https://www.npr.org/2022/06/30/1103595898/supreme-court-epa-climate-change.

124 "US Supreme Court ruling on environmental protection 'a setback in our fight against climate change,'" UN News, June 30, 2022. https://news.un.org/en/story/2022/06/1121782.

125 Remy Tumin, "Special edition: Roe v. Wade is overturned," *New York Times*, June 24, 2022. https://www.nytimes.com/2022/06/24/briefing/roe-v-wade-abortion-supreme-court-guns.html?searchResultPosition=1.

126 Gabriella Borter, "Indiana prosecutor seeks to punish doctor in 10-year-old's abortion case," Reuters, December 1, 2022.

https://www.reuters.com/world/us/indiana-prosecutor-seeks-punish-doctor-10-year-olds-abortion-case-2022-11-30/.

127 Laura Trevelyan, "US taking a 'backseat' on women's rights — health secretary," BBC, June 29, 2022.
https://www.bbc.com/news/av/world-us-canada-61989975.

128 "US abortion debate: Rights experts urge lawmakers to adhere to women's convention," UN News, July 1, 2022.
https://news.un.org/en/story/2022/07/1121862.
"Overturning of Roe v Wade abortion law a 'huge blow to women's human rights' warns Bachelet," UN News, June 24, 2022.
https://news.un.org/en/story/2022/06/1121312.

129 Alia E. Dastagir, "A Marshall University student is in prison for rape. His victims reveal how the school failed them," *USA Today*, November 16, 2022.
https://www.usatoday.com/in-depth/news/investigations/2022/11/16/marshall-university-title-ix-college-sexual-assault-rape-survivors/9587150002/.

130 Oren Liebermann, Ellie Kaufman and Barbara Starr, "Reports of sexual assault in the US military increased by 13%," CNN, September 1, 2022.
https://edition.cnn.com/2022/09/01/politics/sexual-assault-military-report/index.html.

131 PSI Staff Report, "Sexual abuse of female inmates in federal prisons," United States Senate, December 13, 2022.
https://lawandcrime.com/high-profile/jon-ossoff-led-senate-report-finds-thousands-of-cases-alleging-sexual-abuse-of-women-behind-bars-spanning-two-thirds-of-u-s-prisons/.

132 Michael Balsamo, Michael R. Sisak, "AP investigation: Women's prison fostered culture of abuse," Associated Press (AP), February 6, 2022.
https://apnews.com/article/coronavirus-pandemic-health-california-united-states-prisons-00a711766f5f3d2bd3fe6402af1e0ff8.

133 Nirmita Panchal, "The impact of gun violence on children and adolescents," Kaiser Family Foundation, October 14, 2022. https://www.kff.org/other/issue-brief/the-impact-of-gun-violence-on-children-and-adolescents/.

134 Emily Davies, "Shooting of youths are soaring in D.C., vexing city leaders," *Washington Post*, December 11, 2022. https://www.washingtonpost.com/dc-md-va/2022/12/11/youth-gun-violence-dc/.

135 "Remarks by President Biden on gun violence in America," White House, June 2, 2022. https://www.whitehouse.gov/briefing-room/speeches-remarks/2022/06/02/remarks-by-president-biden-on-gun-violence-in-america/.

136 Riedman, David (2022). "All shootings at schools from 1970-present," K-12 School Shooting Database, February 24, 2023. https://k12ssdb.org/all-shootings.

137 Shayanne Gal, Madison Hall and Taylor Ardrey, "The US has had at least 604 mass shootings so far in 2022," Insider, November 22, 2022. https://www.insider.com/number-of-mass-shootingsin-america-this-year-2022-5.

138 "Remarks by President Biden on gun violence in America," White House, June 2, 2022. https://www.whitehouse.gov/briefing-room/speeches-remarks/2022/06/02/remarks-by-president-biden-on-gun-violence-in-america/.

139 Perry Stein, Hannah Natanson, "Schools face violent threats and lockdowns in wake of Texas shooting," *Washington Post*, May 28, 2022. https://www.washingtonpost.com/education/2022/05/27/school-shooting-threats-hoaxes-uvalde/.

140 "Texas shooting: How gun attacks dey shape US school children," BBC, May 25, 2022. https://www.bbc.com/pidgin/tori-61587121.

141 "Poverty rate of children higher than national rate, lower for older populations," Census Bureau, October 4, 2022. https://www.census.gov/library/stories/2022/10/poverty-rate-varies-by-age-groups.html.

142 Center on Poverty and Social Policy, "Fact sheet," Columbia University, June 8, 2022. https://www.povertycenter.columbia.edu/publication/category/Fact+Sheet.

143 Madrick J, *Invisible Americans: The tragic cost of child poverty* (London: Vintage, 2020).

144 "Child poverty in the US is a disgrace," Vox, April 27, 2017. https://www.vox.com/policy-and-politics/2017/4/27/15388696/child-benefit-universal-cash-tax-credit-allowance.

145 "Child labor in agriculture," National Center for Farmworker Health (NCFH).

146 "Increases in child labor violations, young workers' injuries prompts enhanced outreach, strong enforcement by US Department of Labor," Department of Labor, July 29, 2022. https://www.dol.gov/newsroom/releases/whd/whd20220729.

147 Nandita Bose, Mica Rosenberg, "US to crack down on child labor amid massive uptick," Reuters, February 28, 2023. https://www.reuters.com/business/us-crack-down-child-labor-amid-massive-uptick-2023-02-27/.

148 Karl Ebert, "Children hired to work graveyard shifts cleaning slaughterhouses, Labor Department says," *USA Today*, November 13, 2022. https://www.usatoday.com/story/news/nation/2022/11/13/sanitation-company-child-labor-violation-investigation/10691137002/.

149 Mica Rosenberg, Kristina Cooke and Joshua Schneyer, "Child workers found throughout Hyundai-Kia supply chain in Alabama," Reuters, December 16, 2022.

https://www.reuters.com/investigates/special-report/usa-immigration-hyundai/.

150 "Editorial: While Abbott siphons money for border, Texas is throwing away children in youth prisons," *Houston Chronicle*, August 23, 2022. https://www.houstonchronicle.com/opinion/editorials/article/Editorial-Editorial-While-Abbott-siphons-money-17390300.php.

151 Ryan Fonseca, "Chaos in L.A. County's juvenile halls and what it means for incarcerated kids," *Los Angeles Times*, November 29, 2022. https://www.latimes.com/california/newsletter/2022-11-29/la-county-juvenile-halls-incarcerated-kids-essential-california.

152 John J. Mearsheimer, *The great delusion: Liberal dreams and international realities*, trans. Li Ze (Shanghai: Shanghai People's Publishing House, 2019), pp. 213-251.

153 Brett Wilkins, "Warren, Jacobs accuse Pentagon of vastly undercounting civilians killed by US military," Common Dreams, December 20, 2022. https://www.commondreams.org/news/2022/12/20/warren-jacobs-accuse-pentagon-vastly-undercounting-civilians-killed-us-military.

154 Watson Institute for International & Public Affairs, Costs of War, "Summary of findings," Brown University. https://watson.brown.edu/costsofwar/papers/summary.

155 Brett Wilkins, "Warren, Jacobs accuse Pentagon of vastly undercounting civilians killed by US military," Common Dreams, December 20, 2022. https://www.commondreams.org/news/2022/12/20/warren-jacobs-accuse-pentagon-vastly-undercounting-civilians-killed-us-military.

156 Holger Hoock, *Scars of independence: America's violent birth*, trans. Yang Jing (Beijing: Oriental Press, 2019), p.12.

157 Colm Quinn, "Biden's trip masks a United States still at war in the Middle East," *Foreign Policy*, July 14, 2022. https://foreignpolicy.com/2022/07/14/biden-military-middle-east/.

158 Caf Dowlah, "Who benefits from sanctions, and who really suffers," *Daily*

Star, December 28, 2022.
https://www.thedailystar.net/opinion/views/news/who-benefits-sanctions-and-who-really-suffers-3207256.

159 Susannah George, "Afghans go hungry as US and Taliban officials blame each other," *Washington Post*, June 13, 2022.
https://www.washingtonpost.com/world/interactive/2022/afghans-go-hungry-us-taliban-officials-blame-each-other/?itid=hp-more-top-stories.

160 Ms. Alena Douhan, Special Rapporteur on the negative impact of the unilateral coercive measures on the enjoyment of human rights; Mr. Ian Fry, Special Rapporteur on the promotion and protection of human rights in the context of climate change; Mr. Livingstone Sewanyana, Independent Expert on the promotion of a democratic and equitable international order; Mr. Obiora C. Okafor, Independent Expert on human rights and international solidarity; Mr. Richard Bennett, Special Rapporteur on the situation of human rights in Afghanistan, "US sanctions violate Iranian people's rights to clean environment, health and life: UN experts, United Nations," OHCHR, December 20, 2022.
https://www.ohchr.org/en/press-releases/2022/12/us-sanctions-violate-iranian-peoples-rights-clean-environment-health-and.

161 "Lift 'suffocating' unilateral sanctions against Syrians, urges UN human rights expert," UN News, November 10, 2022.
https://news.un.org/en/story/2022/11/1130427.

162 Edith M. Lederer, "UN votes overwhelmingly to condemn US embargo of Cuba," Associated Press (AP), November 4, 2022.
https://apnews.com/article/middle-east-business-cuba-israel-europe-bf38ea2b62324cbd9ed3ce10905883d8.

163 "Preliminary US greenhouse gas emissions estimates for 2022," Rhodium Group, January 10, 2023.
https://rhg.com/research/us-greenhouse-gas-emissions-2022/.

164 Watson Institute for International & Public Affairs, Costs of War, "Summary

of findings," Brown University. https://watson.brown.edu/costsofwar/papers/summary.

165 "Gov. Greg Abbott invokes 'invasion clauses' in border security push," Fox 4, November 15, 2022. https://www.fox4news.com/news/gov-greg-abbott-invokes-invasion-clauses-in-border-security-push.

166 Timothy H. J. Nerozzi, Bill Melugin and Griff Jenkins, "Record 856 migrants die at southern border in fiscal year 2022: CBP," Fox News, October 22, 2022. https://www.foxnews.com/politics/record-856-migrants-die-southern-border-fiscal-year-2022-cbp.

167 "TX Governor Greg Abbott declares 'invasion' of migrants at US-Mexico border," *Mexico News Daily*, November 16, 2022. https://mexiconewsdaily.com/news/greg-abbott-invasion-of-migrants/.

168 Zachary B. Wolf, "Border 'invasion' declaration panned as PR stunt," CNN, November 16, 2022. https://edition.cnn.com/2022/11/16/politics/us-border-immigration-republicans-what-matters/index.html.

169 Noah Gray, "More migrants dropped off outside Vice President's home in freezing weather on Christmas Eve," CNN, December 26, 2022. https://edition.cnn.com/2022/12/24/politics/migrants-dropped-off-vice-president-christmas-eve/index.html.

170 "New US border policy poses risk to fundamental rights, warns UN's Türk," UN News, January 11, 2023. https://news.un.org/en/story/2023/01/1132372.

171 "Rights experts condemn 'unrelenting human rights violations' at Guantánamo Bay," UN News, January 10, 2022. https://news.un.org/en/story/2022/01/1109472.

172 Fionnuala Ní Aoláin, Special Rapporteur on the promotion and protection of human rights while countering terrorism; Elina Steinerte (Chair-

Rapporteur), Miriam Estrada-Castillo (Vice-Chair), Leigh Toomey, Mumba Malila, Priya Gopalan, Working Group on Arbitrary Detention; Nils Melzer, Special Rapporteur on torture and other cruel, inhuman or degrading treatment or punishment; Siobhán Mullally, Special Rapporteur on trafficking in persons, especially women and children; Morris Tidball-Binz, Special Rapporteur on extrajudicial, summary or arbitrary executions; Luciano Hazan (Chair-Rapporteur), Aua Baldé (Vice-Chair), Tae-Ung Baik, Gabriella Citroni, Henrikas Mickevičius, Working Group on Enforced or Involuntary Disappearances; Tlaleng Mofokeng, Special Rapporteur on the right to physical and mental health, "Guantanamo Bay: 'Ugly chapter of unrelenting human rights violations' — UN experts," OHCHR, January 10, 2022.
https://www.ohchr.org/en/press-releases/2022/01/guantanamo-bay-ugly-chapter-unrelenting-human-rights-violations-un-experts.

2022年美国侵犯人权报告

中华人民共和国国务院新闻办公室

2023年3月

序　言

2022年是美国人权状况标志性倒退的一年。自诩“人权卫士”的美国，金钱政治、种族歧视、枪支泛滥、警察暴力、贫富分化等痼疾难除，人权立法司法大开历史倒车，美国人民的基本权利和自由被进一步架空。

政府大幅放松枪支管制，枪支暴力致死人数居高不下。联邦最高法院2022年对“布鲁恩案”的裁决成为美国控枪领域的标志性倒退。美国近一半的州放松了持枪限制。美国的枪支拥有率、涉枪凶杀率、大规模枪击事件数量均居世界第一，2022年是有记录以来美国连续第三年发生超过600起大规模枪击事件，枪支暴力导致超过8万人死伤。枪支暴力已经成为一种“美国疾病”。

中期选举成为最昂贵的选举，美式民主失去民意基础。

美国的选举费用一再飙升，2022 年中期选举累计花费超过 167 亿美元。亿万富翁的政治献金占所有联邦政治项目献金的 15%，远高于 2020 年选举周期的 11%。“黑金”捐赠暗中操控选举走向，政治极化和社会撕裂导致民主共识难以达成。69% 的美国人认为美国民主面临“崩溃风险”，86% 的美国选民表示美国民主面临“非常严重的威胁”，人们对美式民主普遍感到绝望。

种族主义愈演愈烈，少数族裔遭受广泛歧视。美国基于种族偏见的仇恨犯罪在 2020 年至 2022 年间大幅增长。布法罗超市种族主义屠杀惨案震惊世界，10 名非洲裔美国人遇害。81% 的亚裔美国人表示针对亚裔社区的暴力正在增加。非洲裔被警察杀害的可能性是白人的 2.78 倍。美国政府历史上对印第安等原住民采取种族灭绝、文化同化措施，造成的苦难至今仍在延续。

人均预期寿命大幅下降，药物滥用致死人数持续攀升。美国疾病控制和预防中心下属全国健康状况统计中心 2022 年 8 月发布的报告显示，2019 年至 2021 年，美国人均预期寿命下降了 2.7 岁，至 76.1 岁，降至 1996 年来新低。利益集团和政客进行权钱交易，放任毒品和药物滥用愈演愈烈。近年来死于毒品和药物滥用的美国人急剧增加，每年超过

10万人。药物滥用已经成为美国最具破坏性的公共卫生危机之一。

妇女堕胎失去宪法保护，儿童生存环境令人担忧。美国联邦最高法院推翻“罗伊诉韦德案”的裁决终结了近50年来受宪法保护的堕胎权，是对妇女人权和性别平等的巨大打击。2022年美国有超过5800名18岁以下的儿童因枪击受伤或死亡，校园枪击事件数量高达302起，创1970年以来的最高值。美国儿童贫困率从2021年12月的12.1%上升至2022年5月的16.6%，增加了330万贫困儿童。2018年以来被非法雇用的童工激增近70%，2022财年受雇专门从事危险工作的儿童增加了26%。

滥用武力和单边制裁，制造人道主义灾难。21世纪以来，美国以“反恐”为名在85个国家开展军事行动，直接导致至少92.9万平民死亡，3800万人流离失所。美国实施的单边制裁总数为世界之最，目前仍在对20多个国家实施制裁，导致被制裁国家无法向其人民提供基本的食物和药品。移民沦为党争工具，“抛甩”移民闹剧大规模上演，移民面临极端仇外和残酷对待。2022年有近240万移民被拘留在美国边境，创历史新高；南部边境移民死亡总数达856人，是死亡人数最多的一年。

建基于殖民主义、种族主义奴隶制和劳动、占有、分配不平等之上的美国，在两极分化的经济分配格局、种族冲突的社会格局以及资本利益集团操控的政治格局相互作用下，近年来进一步陷入制度失灵、治理缺位、族群撕裂、社会动荡的泥潭。

服务于寡头利益的美国政客，不仅日渐丧失了回应普通民众基本诉求、捍卫普通公民基本权利的主观意愿与客观能力，无力解决自身人权问题的结构性顽疾，反而恣意以人权为武器攻击他国，在国际社会制造对立、分裂和混乱，已成为全球人权发展的搅局者和阻碍者。

一、公民权利保护制度严重失能

美国是一个由极端暴力定义的国家，民众遭受暴力犯罪和暴力执法的双重威胁，公民人身安全得不到保障。监狱人满为患，成为现代奴役场所，强迫劳动和性剥削司空见惯。美国自我标榜的公民权利和自由沦为空谈。

政商勾结瘫痪控枪议程。美国枪支利益集团为维护自身利益，开展强大政治游说。政府罔顾民意大幅放松枪支管制范围，允许在医院、学校、酒吧以及体育馆等人员密集的公共场所携枪。彭博新闻社 2022 年 7 月 3 日报道，联邦最高法院6月23日对“布鲁恩案”的裁决，推翻了纽约州和其他六个州长达半个世纪的控枪立法，使这些州居民可以携带隐藏枪支，成为美国控枪领域的标志性倒退。[1]《纽约时报》2022年10月28日报道，得克萨斯州一个联邦法院裁定，禁止21岁以下成年人携带手枪的州法律违宪。目前美国近一半的州放松了持枪限制。[2]华盛顿大学教授鲁哈尼·拉赫巴尔表示：“从整体上看，在过去二三十年里，这个国家对持枪的法律控制明显呈现大幅放松的趋势。”[3]美国学者帕梅拉·哈格所著《枪的合众国：美国枪文化的形成》一书指出，枪支在美国是一条“开始于生产线加工，结束于受害者死亡”的产业链。“美国枪支暴力的悲剧起源于世俗的枪支贸易。”[4]

枪支暴力伴随枪支拥有量同步上升。[5]《英国医学杂志》发布的一项研究显示，美国放松枪支管制导致枪支拥有率、大规模枪击事件发生率同步上升。[6]美国人口不到世界人口的5%，却拥有全球民用枪支的46%。[7]美国的枪支拥有率、涉枪凶杀率和大规模枪击事件数量均居世界第一。根据“枪支暴力档案”网站统计的数据，近年来美国的大规模枪击数量显著增长，2022年美国枪支暴力致死43341人，致伤37763人，发生大规模枪击事件636起，平均每天发生2起。[8]

美国的枪杀案发生率比加拿大高8倍，比法国高13倍，比澳大利亚高23倍。[9]《澳大利亚人报》2022年6月25日评论称，“无论在媒体报道中，还是在街头实况中，美国都是一个完全由极端暴力定义的国家”。[10]枪支暴力已经成为一种“美国疾病”。

凶杀抢劫等恶性罪案持续上升。《今日美国报》2022年9月11日报道，2022年上半年，美国大城市主管协会（MCCA）成员城市的凶杀案与2019年同期相比增加了50%，严重袭击案增加了大约36%。[11]《华尔街日报》2022年9月6日报道，截至2022年9月，新奥尔良的凶杀率与2019年同期相比上升了141%，枪击案增加了100%，劫车案增加了210%，武装抢劫案增加了25%。[12]刑事司法委员会2022年7月28日发布的犯罪趋势分析报告显示，2022年上半年，美国主要城市抢劫案增加了19%，盗窃案增加了20%。[13]福克斯新闻网2022年7月7日报道，纽约市自2021年6月以来的整体犯罪率上升了31%，重大盗窃案上升了41%，抢劫案上升了36%，入室盗窃案上升了近34%，每季度重罪袭击受害者增加约1000人。[14]美国有线电视新闻网2022年6月8日报道，72%的美国人对国家减少或控制犯罪方面的政策不满意，80%的人对犯罪和暴力的担忧程度达到十年来新高。[15]

警察暴力执法愈演愈烈。“警察暴力地图”网站的数据显示，2022年，美国共有1239人死于警察暴力，达到历史峰值。全年没有发生警察杀人事件的天数仅有10天。大多数警察杀人事件往往发生在停车检查、处置非暴力犯罪等常规执法过程中。警察过度使用武力很少受到指控。在2013年至2022年的警察杀人事件中，有98.1%的当事警察未受到犯罪指控。[16]2022年6月27日，俄亥俄州阿克伦市的警察向25岁手无寸铁的非洲裔美国人杰兰德·沃克开了90多枪，致其死亡。根据初步尸检报告，沃克身上有60多处伤口。这是2021年12月至2022年6月期间，阿克伦市发生的第三起警察枪击事件。[17]

囚犯生命健康遭受威胁。美国是全球监禁率最高的国家，监狱条件恶劣。英国《卫报》2022年10月1日报道，美国每10万人中有近500人被监禁，这一比率约是英国的5倍，加拿大的6倍，德国的9倍。[18]“公平司法倡议”组织2022年4月25日发表文章指出，在密西西比州监狱中，囚犯被关在黑暗的牢房里，没有灯，也没有清洁用水，室温往往酷热难耐。[19]《芝加哥太阳报》2022年2月19日报道，伊利诺伊州乔利埃特监狱的牢房里老鼠出没，腐烂的食物和未经处理的污水涌入公共区域。[20] 囚犯生命安全没有保障。囚犯权利刊物《监狱法律新闻》杂志2022年10月发表的研究指出，亚拉巴马州监狱系统警卫人员短缺和基础设施不足，导致监狱暴力发生率高，死亡囚犯多。2022年前8个月有39人死亡，其中30人非正常死亡。[21]

监狱成为现代奴役场所。芝加哥大学法学院和美国公民自由联盟2022年6月16日联合发布的报告显示，美国联邦及各州监狱监禁的120万囚犯中，约有80万人从事强制劳动，占囚犯总数的65%。76%的受访囚犯表示，如果拒绝劳动，就会遭受单独监禁、无法减刑或失去家人探视权等惩罚。[22]“监狱政策倡议”组织2022年3月14日发布的报告指出，美国囚犯被强迫从事餐饮、洗衣和其他劳务，几乎没有任何权利，也没有劳动保护。[23] 美国公民自由联盟2022年6月15日发表的研究指出，美国监狱对囚犯劳动不支付或支付极低费用，已成为名副其实的现代奴役工厂。[24]

宗教不容忍加剧。美国联邦调查局2022年12月15日发布的仇恨犯罪统计显示，2021年美国共报告了1005件宗教仇恨犯罪事件，其中31.9%是反犹太事件，21.3%是反锡克教事件，9.5%是反伊斯兰事件，6.1%是反天主教事件，6.5%是反东正教事件。[25] 美国伊斯兰关系理事会2022

年发表的报告显示，美国对伊斯兰教的不容忍现象加剧，穆斯林受到严重歧视。2021年，美国伊斯兰关系理事会接到6720件投诉，其中：仇恨和偏见事件308件，比2020年增加28%；执法和政府越权事件679件，比2020年增加35%；工作场所和公共场所歧视事件1298件，比2020年增加13%。[26]“中东之眼”新闻网2022年8月23日报道，研究显示，与其他宗教信仰相比，穆斯林因宗教信仰而遭受警察骚扰的可能性要高出5倍。[27]

二、美式选举民主日益空心化

政治献金使美式选举成为富人游戏，两党政治异化为极化政治，美式民主正在失去民意基础。美国前总统卡特曾指出：“金钱政治对美国政治体系构成不可逆转的损害，这不是民主政治而是属于少数人的寡头政治。”[28]

金钱选举再创历史纪录。美式选举是美式民主的核心，靠金钱提供能量。随着2010年和2014年两次捐款限制的松绑，选举费用一再飙升。美国政治捐献数据库“公开秘密”的研究显示，2022年美国中期选举竞选花费总计近170亿美元，成为史上最昂贵的选举。其中，联邦候选人和政治行动委员会在竞选中花费高达89亿美元，州候选人、政党委员会和投票举措委员会在竞选中花费高达78亿美元，均创下历史纪录。[29]美国有线电视新闻网2022年12月8日报道，2022年花费最多的5个州的参议员选举总计耗费了近13亿美元。其中，宾夕法尼亚州的参议员选举投入近3.75亿美元。[30]

政治献金缔造寡头政治。美国政治被资本绑架，存在稳定的“金钱–回报”关系，“民有、民治、民享”变成了“1%的人所有、1%的人治理、1%的人享用”，正如“占领华尔街运动”的标语所示：“我们是99%的民众，但被1%的人所控制”。[31]耶鲁大学政治学教授海伦·兰德摩尔2021年12月在《外交政策》发表文章指出，美国的民主“缺少了真正来自人民的力量”。[32]“占人口极小部分的极富阶层可以利用极高的经济地位来推动一套政策优先服务于他们。”[33]《财富》杂志网站2022年12月9日发表题为《亿万富翁有额外的万亿美元来影响中期选举》的文章指出，截至10月底，美国亿万富翁在选举中的花费高达8.8亿美元，最终总额可能接近10亿美元，亿万富翁正以前所未有的方式提供选举资金。美国税收公平组织执行董事弗兰克·克莱门特表示，亿万富翁的财富一直在“淹没我们的民主”。[34]路透社2022年11月9日报道，自2021年1月1日至2022年9月30日，美国亿万富翁的政治献金占所有联邦政治项目献金的15%，远高于2020年选举周期的11%。美国富豪乔治·索罗斯是出资最高的个人捐赠者，其政治献金超过1.28亿美元。[35] 富豪以金钱开路，操控选举结果，美式选举越来越背离民主的本质。

“黑金”捐赠暗中操控选举走向。“黑金”一直在无形地左右美国选举。布伦南司法中心2022年11月16日发表文章指出，四个与党派结盟的“黑金”团体通过向姐妹超级政治行动委员会捐款或购买广告等方式，在2022年中期选举周期注入了近3亿美元的“黑金”，还有另外数百个政治上活跃的团体向选举注入了秘密资金。[36] 英国《卫报》网站2022年8月29日发表题为《数十亿美元“黑金”正在影响美国政治》的文章披露，一位亿万富翁秘密转移16亿美元给一个支持共和党的政治团体，这是美国历史上被曝光的最大一笔“黑金”。2020年，有价值超过10亿美元的“黑金”绕过薄弱的信息披露规则涌入美国大选。这种情况在2022年的中期选举中更加严重，支持两党参选国会议员的主要超级政治行动委员会都是由不需要披露捐助者的匿名“黑金”团体资助的。[37]“黑金”暗中俘获美国政党和政府，广大选民沦为政治游戏的工具。

多重手法并用操弄选举结果。“许多美国人完全摒弃了平等的观念，而常常正是由这些摒弃平等观念的人制定他人不得不遵守的规则。”[38]限制选民投票资格的法律频繁出台。布伦南司法中心 2022 年 5 月 26 日发表的研究指出，2021 年美国有 18 个州通过了 34 项限制投票的法律。在 2022 年的立法季，有 39 个州的立法机关审议了至少 393 项限制性法案，通过设置一系列投票障碍，极大地制约了有色人种选民行使投票权。亚利桑那州颁布了规制选民登记中提供身份证明文件的法律，多达 20 万名选民可能面临被取消登记的风险。[39]“全球反对仇恨和极端主义组织”2022 年 8 月 4 日发表题为《美国人的恐惧感抑制民主参与》的报告指出，40% 的非洲裔和 37% 的拉美裔美国人担心被剥夺投票权利。[40]英国《卫报》网站 2022 年 1 月 8 日发表题为《1890 年的种族主义法律仍在阻止成千上万的美国黑人投票》的文章指出，严苛的投票资格法律阻止了密西西比州近 16% 适龄投票的非洲裔美国人进行投票。该州作为非洲裔最集中的地区之一，一个多世纪以来从未选举出一名非洲裔担任公职。[41]“美国城市联盟”2022 年 4 月 12 日发布《2022 年非洲裔美国人状况报告：摧毁民主的阴谋笼罩之下》指出，过去一年，有 20 个州利用人口普查数据重新划分选区，剥夺了非洲裔等大量少数族裔选民的投票权。[42] 这些操纵选举的手段变相剥夺了大量选民的投票资格，平等的选举权名存实亡。

美式选举伴随暴力与恐吓。美国政治史上一直不乏暴力与恐怖。历史上，臭名昭著的“三 K 党”等团体曾以殴打、私刑、暗杀等暴力形式阻止非洲裔投票，造成的恐惧心理阴影延续至今。布伦南司法中心 2022 年 10 月 28 日发表的研究指出，美国选民在投票时会受到来自民间团体的恐吓。在亚利桑那州，右翼极端主义团体招募志愿者监视投票箱，这些志愿者经常全副武装出现在投票现场。[43]“全球反对仇恨和极端主义组织”2022 年 8 月 4 日发布的报告指出，美国民众的恐惧感日益增加，少数族裔尤其关注投票安全，选民普遍对投票站的安全性感到担忧，63% 的受访者表示，他们“非常担心”会在投票站遭遇暴力、骚扰或恐吓。[44] 私刑心理阴影与恐惧氛围成为选民行使选举权的极大障碍。

两党政治异化为极化政治。政治极化特别是两党政治的极化构成近三十年来美国政治的一个最显著的特点。民主党、共和党之间意识形态分歧与对立持续扩大，加剧美国社会撕裂，导致美国政治空转。美国广播公司新闻网“538”民意调查 2022 年 6 月 14 日发布的调查结果显示，28% 的美国人将“政治极端主义或两极分化”列为国家面临的最重要问题之一。64% 的人认为政治两极化主要是由政治和社会精英推动的。[45] 美国全国广播公司新闻网 2022 年 10 月 23 日发布的调查结果显示，81% 的民主党人认为，共和党的议题对国家构成威胁，如不加以制止将会摧毁美国；79% 的共和党人也同样认为民主党的议题将摧毁美国。71% 的选民认为美国正朝着错误的方向发展。民调专家霍威特评价道，“选民们似乎不再寻求整个国家达成共识，他们只想要分裂”。[46] 政治极化和社会撕裂导致民主共识难以达成，大选闹剧和选后乱局成为美国政治的显著特征。范德堡大学政治学教授马克·J. 赫瑟林顿和伊利诺伊大学政治学教授托马斯·J. 鲁道夫合著的《为何华盛顿不再发挥作用：两极分化、政治信任与治理危机》一书分析了美国政治机能失调的根源，指出“政治上的信任因党派而两极分化从而导致缺乏政策共识和政治体系陷入僵化，也没有任何妥协的动力”。[47]

政府官员利用职务便利谋取私利。高层政治人物可以提前接触到许多敏感信息，并借以捞取金钱利益。《国会山报》网站 2022 年 7 月 24 日发表评论文章称，佩洛西夫妇的净资产超过 1.14 亿美元，且主要来自股票、期权等投资。2021 年 3 月，保罗·佩洛西购买了价值超过 500 万美元的 25000 股微软股票期权。不到两周后，美国军方公布了与微软公司价值219亿美元的交易，该公司股票大幅上涨。2022年6月，国会预计对提升芯片生产行业的法案进行表决，该法案将分配520亿美元的补贴。保罗·佩洛西于是提前购买了英伟达公司高达500万美元的股票期权。南希·佩洛西担任众议院议长期间，佩洛西夫妇从其负责监管的大型科技公司的交易中获利约3000万美元。[48] 英国《每日邮报》网站2022年9月13日发表评论文章指出，在435名美国联邦众议员中，有183人在2019年至2021年期间通过自己或其直系亲属交易股票。至少有97人通过自己或配偶交易与他们在国会工作中直接相关的公司的股票、债券或其他金融资产。[49]《华尔街日报》网站2022年10月11日发表的调查报道显示，包括商务部、财政部在内的多个美国政府机构的2600多名官员承认在进行股票投资时，恰处于相关公司游说他们所在部门以获得优惠政策时期。[50] 美联社2022年8月18日报道，宾夕法尼亚州前法官马克·恰瓦雷拉和迈克尔·科纳汉在接受了两座私营营利性青少年监狱的280万美元贿赂之后，关闭了县政府运营的公立青少年惩教所，将儿童送往营利性监狱。这一精心策划的计划被称为“儿童换金钱”。[51] 高层政治人物一边向选民开空头支票，同时却在利用职位便利捞取金钱利益。

民众对美国民主的信心持续走低。美国学者托马斯·戴伊、哈蒙·齐格勒和路易斯·舒伯特合著的《民主的反讽：美国精英政治是如何运作的》一书指出："现在美国民众基本上不再相信政府是为大众利益服务的，大部分人都认为美国政治制度由少数大型利益集团操控，且往往是为了他们自己的利益而把大众抛在脑后。"[52]"美国昆尼皮亚克大学民意调查"2022 年 8 月 31 日发表调查报告指出，67% 的美国人认为美国民主面临"崩溃风险"。[53]美联社 2022 年 10 月 19 日报道，几十年来，美国全国范围内的两极分化日益加剧，人们对民主普遍感到绝望。只有 9% 的美国成年人认为民主正在"极好"或"非常好"地运作，而 52% 的人认为它运作不佳。[54]美通社 2022 年 11 月 4 日报道，中期选举前的一项无党派民意调查显示，86% 的选民表示美国民主面临"非常严重的威胁"。72% 的选民认为美国民主不健康，64% 的选民认为太多金钱介入政治，61% 的选民认为美国政治腐败，58% 的选民认为美国民主政治存在太多带有偏见或错误的信息。[55]美国全国广播公司新闻网 2022 年 11 月 9 日发布的调查结果显示，72% 的民主党选民、68% 的共和党选民和 70% 的中间选民都认为民主受到了威胁。[56]民众对美国民主的信心持续走低，折射出美式民主正在失去民意基础。

三、种族歧视与不平等愈演愈烈

联合国消除种族歧视委员会 2022 年 9 月 21 日发布的关于审议美国履行《消除一切形式种族歧视国际公约》情况的结论性报告指出，美国历史上殖民主义和奴隶制留下的阴影至今仍挥之不去，助长着美国社会流行的种族主义。近几年来，美国仇恨犯罪和仇恨言论事件显著增加，与种族有关的枪支死伤人数大幅增加，有色人种和少数族裔在医疗、教育、住房等领域持续面临系统性歧视。[57]

种族歧视广泛存在。“信奉种族劣根性和种族优越感早已深深地刻在美国的制度中，难解难分。”[58] 美国有线电视新闻网 2022 年 8 月 30 日报道，对 3000 多名非洲裔美国人访谈的结果显示，82% 的受访者认为种族主义是非洲裔面临的主要问题，79% 的受访者表示曾因种族或族裔身份遭到过歧视，68% 的受访者表示种族歧视是许多非洲裔无法取得成功的主要原因。[59] 益普索集团 2022 年 3 月 29 日发布的调查结果显示，65% 的拉美裔受访者表示在过去一年中遭遇过种族主义言论。[60] 美国亚太裔女性论坛 2022 年 3 月 30 日发布的报告指出，74% 的亚裔美国女性表示在过去 12 个月中遭受过种族歧视，其中 53% 的人表示施暴者是陌生人，47%

的事件发生在餐馆和购物中心等公共场所。[61]

种族仇恨犯罪持续高发。加州州立大学圣贝纳迪诺分校仇恨与极端主义研究中心的研究显示，美国 15 个主要城市的仇恨犯罪在 2020 年至 2021 年呈两位数增长，2022 年基于种族偏见的仇恨犯罪事件又增加了约 5%。[62]《芝加哥太阳时报》2022 年 10 月 21 日发表题为《仇恨犯罪报告激增》的文章指出，截至 10 月 18 日，芝加哥警察局已收到 120 起仇恨犯罪报告。[63] 2022 年 5 月 14 日，19 岁的白人枪手佩顿 · 根德隆在纽约州布法罗市一家超市内进行种族主义屠杀，10 名非洲裔美国人被杀害，另有 3 人受伤。凶手还将其行凶过程录下来进行网络直播。[64] 美国反诽谤联盟 2023 年 2 月发布的报告显示，过去十年间，美国大规模杀戮事件激增。2022 年确定的所有极端主义杀戮都与右翼极端主义有关，其中大量与白人至上主义相关。“毫不夸张地说，我们生活在一个极端主义大规模杀戮的时代。”[65]

针对亚裔的仇恨犯罪尤为猖獗。“停止仇恨亚裔及太平洋岛民”组织 2022 年 7 月 20 日发布的报告显示，2020 年 3 月 19 日至 2022 年 3 月 31 日，该组织共收到近 11500 起仇恨事件报告。[66]《洛杉矶时报》2022 年 3 月 22 日报道，亚太裔数据研究组织的在线民意调查发现，2021 年全国每 6

个亚裔美国人中就有1人经历过基于种族的暴力。[67]《纽约时报》2022年3月14日报道，一名28岁男子在曼哈顿对7名亚裔女性进行长达两小时的疯狂袭击。在过去几个月，纽约市有4名亚裔在遭到袭击后死亡。[68]美国有线电视新闻网2022年11月30日报道，一名男子在纽约扬克斯对一名亚裔老年妇女拳打100多次，对其进行种族主义辱骂，反复踩踏她的身体并向她吐口水。[69]休斯敦公共广播电台2022年8月22日报道了旧金山市多起亚裔人士遇袭事件，受害者艾米·李说，她几乎每天都在附近看到肇事者，“我已经报告了警方，但没有听到任何回应，我和儿子每天都生活在恐惧中。”[70]医学杂志《健康事务》2022年4月12日发表报告指出，57%的亚裔美国人表示由于种族或族裔原因经常或有时在公共场合感到不安全，81%的亚裔美国人认为针对亚裔社区的暴力行为正在增加，73%的亚裔美国人表示与新冠疫情大流行之前相比，现在面临的暴力威胁更大。[71]明尼苏达大学历史系教授李漪莲在关于针对亚裔种族仇恨犯罪的美国国会听证会上发言指出：“当今亚裔美国人和太平洋岛民面临的种族歧视和暴力行为，并非是由精神错乱的个人随意犯下的罪行，而是一个系统性的国家悲剧。它反映了美国针对亚裔的系统性种族主义的悠久历史。”[72]

执法司法领域种族歧视根深蒂固。联合国消除种族歧视委员会的结论性报告指出，美国执法人员对有色人种和少数族裔群体过度使用暴力并逍遥法外的情况仍然普遍存在，有色人种和少数族裔在美国司法系统中被逮捕、监禁和长期虐待的情况突出。[73]“警察暴力地图”网站的数据显示，在2013年至2022年的警察杀人事件中，非洲裔被警察杀害的可能性是白人的2.78倍，手无寸铁的非洲裔被警察杀害的可能性是手无寸铁的白人的1.3倍。在波士顿、明尼阿波利斯和芝加哥，非洲裔被警察杀害的可能性更是白人的20多倍。[74]美国国家公共电台2022年9月27日报道，国家免责登记处发布的报告指出：非洲裔在美国人口中所占比例不到14%，但在美国被误判犯有严重罪行并在至少服完部分刑期后获释的所有人中，非洲裔占了53%；美国非洲裔因三项重大罪行被错误定罪的可能性是白人的7倍，非洲裔因毒品犯罪被错误定罪的可能性是其他人的19倍。[75]美国国家学院出版的《美国监禁的增长：探索原因和后果》一书指出，渗透着种族主义的刑事司法系统“正日益成为一个更大的污名化和长期边缘化系统的主要通道”。[76]

种族贫富分化进一步扩大。“有色人种一直以来在就业上受限于种族障碍，不得不做着名副其实的‘洗脏衣服’的工作。”[77]美国有线电视新闻网2022年8月30日报道，尽管美国的种族不平等问题受到广泛关注，但三分之二的非洲裔美国人认为，他们的生活并未因此得到改善。[78]美国普林斯顿大学和德国波恩大学学者2022年5月24日共同发表的一项长时段研究指出，美国非洲裔和白人之间最大的经济不平等体现在种族财富差距上，白人和非洲裔的人均财富比长期稳定在6∶1。废除奴隶制后，非洲裔和白人财富差距缩小的趋势到20世纪50年代就已停滞。由于资本收益主要由白人家庭所占有，自20世纪80年代起种族财富差距又呈现出扩大化趋势。[79]Statista全球统计数据库2022年9月30日发布的报告显示，2021年，美国有19.5%的非洲裔生活在贫困线以下，而白人的贫困率仅为8.2%。[80]美国全国公共广播电台、罗伯特·伍德·约翰逊基金会和哈佛大学公共卫生院2022年8月8日联合发布的一项全国性民调显示，超过一半的非洲裔和拉美裔家庭以及超过三分之二的原住民家庭表示，近年的通货膨胀给他们造成了“严重的经济问题”。[81]杜克大学教授威廉·达里蒂指出：“通货膨胀对非洲裔群体的冲击是极具毁灭性的。人们将不得不做出非常非常艰难的决定——是买药呢？买食物呢？还是缴水电费呢？”[82]

住房政策歧视少数族裔。联合国消除种族歧视委员会的结论性报告指出，美国在住房方面的种族隔离现象依然存在，有色人种和少数族裔群体在获得住房方面持续遭遇政策性和法律性歧视。[83] 英国广播公司 2022 年 7 月 10 日报道，美国白人和非洲裔房屋拥有率达到 120 年来的最大差距。齐洛房地产公司的数据分析表明，2021 年约 19.4% 的非洲裔申请抵押贷款时遭到拒绝，而白人申请被拒的比例仅为 10.8%。[84]《国会山报》2022 年 8 月 28 日报道，哈佛大学的研究显示，非洲裔房主无论收入如何，其住房的贷款利率往往高于白人房主。2022 年第二季度，只有 45.3% 的非洲裔家庭和 48.3% 的拉美裔家庭拥有自己的住房，而白人家庭这一比例却高达 74.6%。[85]

医疗卫生服务存在严重种族不平等。联合国消除种族歧视委员会的结论性报告指出，美国有色人种和少数族裔孕产妇死亡率和发病率高得不成比例。[86] 美国全国卫生统计中心 2022 年 2 月 23 日发布的报告显示，美国不同族裔孕产妇死亡率差异日益扩大，2020 年非拉美裔黑人孕产妇死亡率显著增加，是非拉美裔白人孕产妇死亡率的 2.9 倍。[87] 美国疾病控制和预防中心 2022 年 10 月 28 日发布的研究报告显示，非洲裔、拉美裔、原住民等群体在获得新冠治疗时面临持续性的种族不平等。新冠疫情对有色人种和少数族裔造成了不成比例的更大的负面影响。[88] 不平等的医疗卫生服务影响少数种族生命权。普林斯顿大学公共和国际事务网站 2022 年 7 月 7 日公布的一项研究显示，2019 年至 2021 年间，加利福尼亚州拉美裔人均预期寿命下降了 5.7 岁，非洲裔下降了 3.8 岁，亚裔下降了 3 岁。相比而言，白人的人均预期寿命下降了 1.9 岁。[89]

印第安原住民悲惨境遇未见改善。“美利坚得以形成的第一道根脉便是对原住民的殖民主义种族灭绝。这一根脉至今仍然是美国社会的根本支柱，并且渗透于美国文化当中。”[90] 美国内政部 2022 年 5 月 11 日发布了“联邦印第安人寄宿学校真相倡议”项目调查报告第一卷。报告承认，美国联邦政府历史上为同化原住民儿童采取了一系列措施，强制儿童与原生家庭分离、切断他们与原生族群的语言和文化联系。1819 年至 1969 年，美国共有 37 个州建立了 408 所原住民寄宿学校。寄宿学校采用军事化管理并采取了许多文化灭绝手段，包括将原住民儿童名字改为英文名，强制剪掉原住民儿童的头发，禁止原住民的语言、宗教和文化习俗等。初步调查发现，19 所寄宿学校造成了至少 500 多名印第安原住民、阿拉斯加原住民和夏威夷原住民儿童死亡。随着调查工作继续展开，这一数字可能更高，达到数千甚至数万。[91]

美国北夏延族研究人员玛莎·斯莫尔指出，“这就是种族灭绝”。曾就读于原住民寄宿学校的美国原住民部落老人唐纳德·恩孔尼埃讲述了他们所经历的苦难，包括被殴打、鞭打、性侵犯、强制剪发和起令人难堪的绰号。如果说自己的母语基奥瓦语，就会被殴打。唐纳德说：“每次我试图用基奥瓦语说话时，他们都会往我嘴里灌碱液。”“那是12年的地狱。”“我永远永远不会原谅这个学校对我所做的一切。”[92]

印第安原住民历史上遭受的苦难至今仍在延续。美国全国公共广播电台2022年8月8日报道称，严重通货膨胀给美国少数种族生活造成严重冲击，其中印第安原住民所受影响最为普遍，超过三分之二的印第安原住民因此出现严重经济问题。[93]《今日美国报》2022年9月19日报道称，美国疾病控制和预防中心的研究报告显示，印第安和阿拉斯加原住民孕产妇死亡率是白人的2倍以上。研究指出，九成以上原住民孕产妇的死亡是可以预防的。加州大学旧金山分校妇产科主任安德烈亚·杰克逊博士表示：“在非洲裔美国人和印第安人身上，我们看到这种历史性的、不幸的差异仍在持续。”[94]

四、底层民众基本生存危机加重

美国社会贫富差距继续拉大，低收入群体生活条件急剧恶化，无家可归者大幅增加，毒品药品滥用严重危及生命健康，人均预期寿命大幅下降。底层民众基本生存面临重大危机。

贫富鸿沟进一步拉大。美国是拥有众多顶级富豪的贫困社会。[95] 印第安纳大学科科莫分校教授厄尔·怀松、普渡大学教授罗伯特·佩卢奇和威奇塔州立大学教授大卫·赖特合著的《新阶级社会：美国梦的终结？（第四版）》通过对美国社会的深入分析研究指出，美国社会中存在大范围的以阶级、性别和种族为基础的不平等形式。富裕而稳固的“特权阶级”（20% 的人口）和越来越多贫困而不稳固的“新工人阶级”（80% 的人口）构成了两极化的双钻石型的新阶级体系。[96] Statista 全球统计数据库 2022 年 9 月 30 日公布的数据显示：2021 年，美国的基尼系数升至 0.49，创历史新高；3790 万人处于贫困状态，贫困率连续第二年攀升。[97] 美联储的统计数据显示，2021 年第四季度末，美国 1% 人口的总财富达到创纪录的 45.9 万亿美元，他们的财富在新冠疫情大流行期间增加了 12 万亿美元以上，增幅超过三分之一。[98] 截至 2022 年年中，在美国家庭保有的约 1.7 万亿美元超额储蓄中，收入位居前 50% 的人口拥有约 1.35 万亿美元，而后一半的收入者仅有 3500 亿美元。[99]

通货膨胀继续冲击低收入家庭生活。《纽约时报》2022年11月25日报道，在美国居民储蓄减少的同时，汽车维修、食品和住房等必需品的价格却急剧上涨。截至2022年10月，美国物价比2021年同期上涨7.7%，这对低收入群体产生了最严重的负面影响。[100] 美国联邦储备委员会理事布雷纳德表示，低收入家庭要将超过70%的收入用于购买必需品，而高收入家庭的这一支出比例仅为31%。[101] 美国全国能源援助理事会2022年4月12日的调查发现，对于占美国社会40%的底层中低收入家庭而言，能源价格大幅上涨，会迫使许多人因超额支付能源账单而无力购买基本商品及服务。[102]

无家可归者大幅上升。根据美国住房和城市发展部的数据，2022年日均有58.25万美国人无家可归，其中40%只能居住在缺乏庇护的街道、废弃建筑或其他恶劣环境中。[103] 加利福尼亚州过去3年中没有稳定住所的人数至少增加了2.25万人，达到17.38万人，但该州为无家可归者提供的庇护居所却由2020年8月最多时的16000多个房间减少到约5000个床位。[104]《洛杉矶时报》2022年12月21日报道，加利福尼亚州长滩市的无家可归者相比2020年大幅增长了62%，其中还包括1282名长期无家可归的残疾人。[105] 西雅图大学法学院教授、无家可归者权利倡导组织创始人莎拉·兰金在《加州法律评论》上发表的研究指出，美国的无家可归者往往是“残疾人、黑人、移民、难民、性少数等边缘群体”，他们所遭受的迫害、拘留、监禁或隔离使其无法融入社区。这暴露了美国存在的系统性歧视。[106]

人均预期寿命大幅下降。美国疾病控制和预防中心下属全国健康状况统计中心 2022 年 8 月发布的报告显示，2019 年至 2021 年，美国人均预期寿命下降了 2.7 岁，至 76.1 岁，降至 1996 年来新低。其中非拉美裔美洲印第安人、阿拉斯加原住民群体的人均预期寿命降幅最大，达到了惊人的 6.6 岁。[107] 在和平时期，人均预期寿命大幅下降是罕见的。美国疾病控制和预防中心发布的数据显示，截至 2022 年 12 月 29 日，美国累计新冠死亡病例超过 108 万人，其中 2022 年新冠死亡病例超过 26 万人。[108] 德国《世界报》2023 年 1 月 15 日报道称，人均预期寿命或许是衡量一个国家生活质量有多好，甚至在某种程度上是衡量一个国家有多伟大的最重要标准，美国政客却对此讳莫如深。除新冠疫情外，造成美国人均预期寿命急剧下降的原因还包括药物滥用、枪支泛滥等。[109] 弗吉尼亚联邦大学、科罗拉多大学博尔德分校和城市研究所的学者在《英国医学杂志》上发表的共同研究指出，美国健康水平的不断恶化、死亡率高企以及对少数族裔的持续不公，很大程度上是长期政策选择和系统性种族主义的产物。因新冠疫情造成的大量死亡，不仅体现了美国对疫情大流行的政策选择和不当处理，也反映了几十年来导致美国健康水平恶化的根深蒂固的原因。[110]

美国政府罔顾民众健康积极推进大麻合法化。大麻是联合国禁毒公约中被管制的麻醉药品。美国于 20 世纪 70 年代颁布《管控药物法》，将大麻列为联邦一级管控物质。美国联邦和各州政府对毒品和药物滥用监管不力，甚至在利益集团游说下不断推动立法使大麻等合法化，导致越来越多青少年成为受害者。加州大学戴维斯分校学者罗宾 · 戈尔茨坦和丹尼尔 · 萨姆纳 2022 年共同出版的研究专著中指出，推动大麻合法化的“白日梦”之一，是意图通过税收使合法大麻“成为政府新的摇钱树”。[111] 目前美国的大麻销售额已超过 300 亿美元，预计 2030 年美国大麻市场将达到 650 亿美元。[112] 根据“公开秘密”发布的数据，2018 年至 2021 年，美国一些大麻及制品相关企业、行业协会等累计花费 1660 多万美元用于政治游说，年均花费是 2016 年的约 10 倍；[113] 2022 年用于大麻的游说金额超过 560 万美元。[114] 大麻利益相关企业、组织和政客进行钱权交易，形成利益集团，放任毒品和药物滥用愈演愈烈，“折射出美政府社会治理的失败”。[115]

毒品和药物滥用危及生命健康。美国药物滥用与心理健康服务局的一份调查显示，2020 年有 5930 万 12 岁以上的美国人滥用毒品，其中 4960 万人吸食大麻。[116] 美国疾病控制和预防中心网站的公开信息显示，近四成美国高中生长期使用大麻。[117] 美国国立卫生研究院 2022 年 8 月发布的一份报告显示，一年内吸食过大麻的美国年轻人比例达 43%，使用过致幻剂的美国年轻人比例达 8%，有 11% 的年轻人每天吸食大麻，达到历史最高水平。[118] 曼哈顿政策研究所 2022 年 8 月 4 日发布的研究报告指出，近年来死于毒品和药物滥用的美国人急剧增加，每年超过 10 万人。[119] 美国疾病控制和预防中心的临时数据显示，在截至 2022 年 8 月的 12 个月期间，发生了超过 10.7 万起药物过量死亡事件。美国药物评价与研究中心物质使用和行为健康中心副主任玛尔塔·索科沃夫斯卡指出，药物滥用已经成为美国最具破坏性的公共卫生危机之一。[120]

治理缺位危害环境权。美国广播公司 2022 年 6 月 21 日报道，在路易斯安那州，大量排放的工业废料致使密西西比河沿岸出现诸多“癌症巷”地区，该地区民众因空气污染而患癌的风险较美国其他地区高出 95%。[121]《芝加哥论坛报》2022 年 7 月 13 日报道，在伊利诺伊州，占当地人口约 60%

的逾800万居民的饮用水中，检测到至少含一种可能有损健康的“永久性化学物质”。[122]在环境形势日趋恶化的背景下，美国联邦最高法院却于2022年6月裁定，美国环境保护局无权在未得到美国国会授权的条件下，在州层面限制温室气体排放量，也不得要求发电厂放弃化石燃料转用可再生能源。[123]联合国秘书长发言人杜加里克指出，美国联邦最高法院的这一裁决，是“全球应对气候变化的一次挫折”。[124]

五、妇女儿童权利历史性倒退

2022年，美国妇女儿童权利保障出现重大倒退。妇女堕胎权失去宪法保护，校园、军队、监狱中性侵犯持续高发，儿童生命安全与合法权益面临严重威胁。

禁止堕胎侵犯妇女权利。2022年，美国联邦最高法院推翻了保障妇女堕胎权的“罗伊诉韦德案”和“计划生育联盟诉凯西案”，终结了近50年来受宪法保护的堕胎权，将导致大约一半的州禁止堕胎手术。[125]路透社2022年12月1日报道，印第安纳州总检察长要求该州医疗委员会对一名医生进行纪律处分，因为该医生为一名10岁的强奸受害者进行了堕胎手术，而俄亥俄州已经禁止在妊娠六周后堕胎。[126]英国广播公司2022年6月29日报道，美国卫生部长泽维尔·贝塞拉表示，世界其他地区正在采取行动，给予女性应该拥有的各种权利，而美国联邦最高法院却倒行逆施，剥夺宪法确认的堕胎权，这使美国落后于世界其他地区。[127]时任联合国人权事务高级专员米歇尔·巴切莱特2022年6月24日指出，美国联邦最高法院关于堕胎的裁决是“对妇女人权和性别平等的巨大打击”，“这一裁决标志着美国通过‘罗伊诉韦德案’保护性健康和生殖健康及权利的努力在50年后遭受重大挫折”。[128]

妇女遭受性侵犯触目惊心。五分之一的美国女大学生称，在校期间遭到过性侵犯，造成的创伤影响她们整个受教育经历。[129]美国有线电视新闻网2022年9月1日报道，2021年，美国军队中的性侵犯报告激增13%，近四分之一的女性军人表示在军队中遭受过性侵犯，超过一半的人表示遭受过性骚扰。[130]美国联邦参议院2022年12月13日发布调查报告指出，过去10年，三分之二以上的联邦监狱发生了监狱管理人员性侵女囚的案件，美国监狱当局共立案5415起。[131]美联社2022年2月6日报道，2020年共有422起对监狱管理人员性侵囚犯的投诉。加利福尼亚州都柏林的联邦女子监狱被称为“强奸俱乐部”，囚犯们说她们遭受了狱警甚至典狱长猖獗的性侵犯。[132]

枪祸横行威胁儿童生命安全。凯泽家庭基金会 2022 年 10 月 14 日发表报告指出，2011 年至 2021 年，美国近 18500 名 17 岁及以下的儿童死于枪支暴力。2021 年平均每天有 7 名儿童死于枪击。[133]《华盛顿邮报》2022 年 12 月 11 日报道，2022 年美国有超过 5800 名 18 岁以下的儿童因枪击受伤或死亡。截至 2022 年 12 月 1 日，涉及儿童的致命枪击事件比 2021 年增加了一倍多，涉及儿童的非致命枪击事件也增加了 80% 以上。[134]美国总统拜登 2022 年 6 月公开承认："枪击已成为美国儿童第一大死因，死于枪击的儿童比死于车祸和癌症的儿童还要多。"[135]

校园枪击案持续高发。美国是世界上校园枪击事件最频发的国家。"K–12 校园枪击数据库"的资料显示：2022 年美国校园枪击事件数量高达 302 起，是自 1970 年以来的最高值；伤亡人数达到 332 人，是近 5 年来的最高值。[136] 2022 年 5 月 24 日，美国得克萨斯州尤瓦尔迪市罗布小学发生严重的大规模枪击案，一名 18 岁高中生携带在体育用品商店购买的 AR–15 突击步枪进入校园行凶，19 名儿童和 2 名教师被枪杀，这是自 2012 年桑迪胡克小学枪击案以来最致命的校园枪击事件。[137] 美国总统拜登在就该事件发表的讲话中承认，自桑迪胡克小学枪击案发生 10 年来，美国校园里共发生900多起枪击事件，“这种大规模枪击事件世界其他地方很少发生”。[138]《华盛顿邮报》2022年5月28日报道，自2018年以来，“K-12校园枪击数据库”记录了超过2500起威胁实施校园枪击的事件。[139]英国广播公司2022年5月25日报道，美国校园枪击事件专家琼森指出，当今的美国年轻人已经成为“大规模枪击的一代”。[140]

儿童贫困率畸高。根据美国人口普查局2022年9月13日公布的数据，2021年美国贫困率为12.8%，儿童贫困率更是高达16.9%。密西西比州、路易斯安那州和华盛顿哥伦比亚特区的儿童贫困率分别高达27.7%、26.9%和23.9%。[141]美国哥伦比亚大学贫困与社会政策中心的研究指出，美国儿童贫困率从2021年12月的12.1%上升至2022年5月的16.6%，增加了330万贫困儿童。[142]美国专栏作家杰夫·马德里克所著《看不见的孩子：美国儿童贫困的代价》一书指出：美国是一个历来对贫困持偏见态度的国家，甚至不能就“有多少穷苦的美国人”达成共识，更不用说削减贫困人口和贫困儿童数量了；如果以更公平、更新的标准衡量计算，美国真实的贫困人口约为6000万，真实的贫困儿童数量可能超过2000万。[143]“儿童贫困问题是美国的国家耻辱”。[144]

非法使用童工现象屡禁不止。根据非营利组织“美国农场工人健康中心”的数据，美国有30万至80万名未成年人在农场工作。[145]美国《石板》网络杂志指出，美国很多快餐店违反保护儿童健康与教育的规定，雇用青少年超时工作。童工问题屡禁不止，根源是美国法律体系存在漏洞。受新冠疫情和供应链危机影响，美国多地出现“用工荒”现象，多州批准新法案延长未成年人工作时间。根据美国劳工部的数据，2022年，美国有数百万青少年受雇在农业、食品服务、零售、娱乐和建筑行业工作。[146]路透社2023年2月28日报道，美国非法雇用童工问题日益严重，自2018年以来，被非法雇用的童工激增了近70%。根据美国劳工部的数据，2022财年有835家企业违法雇用3800名儿童，受雇专门从事危险工作的儿童增加了26%。[147]《今日美国报》2022年11月13日报道，威斯康星州帕克斯清洁服务公司雇用了30多名13至17岁的未成年人在肉类加工厂和农场担任清洁工。几名未成年雇员在工作中受伤，其中一名13岁儿童被腐蚀性清洁化学品烧伤。[148]路透社2022年12月16日报道，在亚拉巴马州至少有四家汽车零部件供应商被发现雇用童工，劳务派遣机构将未成年人移民安置在工厂工作。[149]时至今日，美国仍是联合国193个会员国中唯一没有批准《儿童权利公约》的国家，解决雇用童工问题的前景依然黯淡。

青少年监禁条件恶劣。《休斯敦纪事报》2022 年 8 月 23 日报道，得克萨斯州盖茨维尔市的少年监狱条件恶劣。因严重犯罪服刑的青少年每天被单独关在狭小的牢房里长达 23 小时。需要去卫生间时，他们只能用空水瓶解决。旨在引导陷入困境的年轻人改过自新的体育项目和其他活动已被取消。他们不能参加课程学习，而只能在牢房里完成一系列工作，这使他们失去了寻求帮助和治疗的机会。[150]《洛杉矶时报》2022 年 11 月 29 日报道，洛杉矶县青少年监禁系统混乱不堪。少管所的人员严重短缺，导致青少年斗殴事件丛生和看管人员暴力管教情况增多。日益孤立、缺乏支持和遭受暴力等情况正在损害被监禁青少年的心理健康。一位被监禁的少年说，他觉得自己没有被“当人对待”。[151]

六、恣意侵犯他国人权践踏正义

美国学者约翰 · 米尔斯海默指出，在“自由主义霸权”政策主导下，倾向于不断发动战争的美国增加了国际体系中的冲突，造成了不稳定。“这些武装冲突通常以失败告终，有时是灾难性的，主要是以牺牲据说是被自由主义的巨神所拯救的那些国家为代价。”[152] 美国在国际社会奉行强权政治，动辄使用武力，挑动“代理人战争”，滥施单边制裁，严重侵犯移民权利，拒不关闭关塔那摩监狱，成为全球和平发展的破坏者、人权进步的绊脚石。

海外军事行动造成人道灾难。美国新闻网站“共同梦想”2022年12月20日发表《沃伦和雅各布斯指责五角大楼大大低估了遭美军杀害的平民人数》一文指出，根据总部位于英国的监测组织“空战”的数据，自2001年以来，仅在阿富汗、伊拉克、利比亚、巴基斯坦、索马里、叙利亚和也门等地，美国军队就实施了近10万次轰炸，造成多达4.8万名平民死亡。[153]布朗大学“战争代价研究项目”发布的研究指出，21世纪以来，美国以“反恐”为名在85个国家开展军事行动，直接导致至少92.9万平民死亡，3800万人流离失所，美国在全球范围的军事行动伴随着对国内外公民自由和人权的侵蚀。[154]2022年11月30日，一架美国无人机在也门哈德巴地区实施轰炸，造成2名儿童和1名妇女死亡。[155]“对内对外使用暴力似乎已成为当代美国的一个标志——从时有所闻的枪击事件到先发制人的军事行动和隐形战机发动的空袭。”[156]

身居幕后挑动“代理人战争”。为单方面追求自己的利益，美国充当幕后黑手挑起其他国家和地区战乱。《外交政策》特约撰稿人科尔·奎因2022年7月14日发表文章称，美国的军事行动不局限于中东地区，开始越来越多地触及其他国家和地区，只是更为隐秘。布伦南司法中心律师凯瑟琳·扬·埃布赖特将此描述为“轻脚印战术”。在一项名为“127e”的计划中，美国特种作战部队被授权训练代理部队，以执行美国的海外任务。外国武装分子能够获得美国的武装、训练和情报支持，并被派遣执行由美国领导的任务，对付美国的敌人，实现美国的目标。2017 年至 2020 年，五角大楼在中东和亚太等地区启动了 23 个以“127e”行动为名的“代理人战争”，至少有十几个国家参与，目标对象包括叙利亚、也门、伊拉克、突尼斯、喀麦隆和利比亚等国家。[157]

长期肆意实施单边制裁。近年来，美国对其他国家实施的单边制裁呈指数级增长，极大削弱了被制裁国家人权保障的能力与水平。孟加拉国《每日星报》2022 年 12 月 28 日报道，美国实施的单边制裁总数为世界之最，目前仍在对 20 多个国家实施制裁，包括 1962 年以来对古巴的制裁、1979 年以来对伊朗的制裁、2011 年以来对叙利亚的制裁，以及近年来对阿富汗的制裁，导致被制裁国家无法向其人民提供基本的食物和药品。[158]《华盛顿邮报》2022 年 6 月 13 日报道，近一半的阿富汗人没有足够的食物，儿童营养不良呈上升趋势。[159] 2022 年 12 月 20 日，多名联合国人权理事会独立专家发表共同声明指出，美国政府对伊朗的制裁加剧了伊朗的环境危害，使所有在伊朗的民众无法充分享受健康权和生命权，侵犯了伊朗人民享有清洁环境的权利。[160] 联合国单边强制措施对人权负面影响问题特别报告员阿莱娜 · 杜晗 2022 年 11 月 10 日指出，单边制裁加剧了叙利亚人民的苦难，是对人权的严重侵犯。[161] 美国政府肆意实施制裁引发他国人权危机受到国际社会强烈谴责。2022 年 11 月 3 日，联合国大会就敦促美国终止对古巴的经济、商业和金融封锁进行投票表决。在 193 个成员国中，多达 185 个国家支持谴责美国对古巴的禁运。[162] 这是联合国大会连续 30 次通过类似决议。

屡屡蓄意破坏全球气候治理。美国是全球温室气体累计排放最多的国家，人均碳排放居高不下。美国拒不批准《京都议定书》，一度肆意退出《巴黎协定》，迟迟不兑现在绿色气候基金下的承诺。即便重返《巴黎协定》，美国仍未将承诺落实为行动，反而将气候变化议题作为国内党争工具进行政治操弄。美国经济研究公司荣鼎集团 2023 年 1 月 10 日发布的报告显示，美国 2022 年温室气体排放量同比增长 1.3%，履行《巴黎协定》义务缺乏诚意与实效。[163] 布朗大学“战争代价研究项目”发布的研究指出，美国国防部是世界上最大的温室气体排放者之一，自“9 · 11”事件以来美国的全球军事行动对气候变化做出了“显著贡献”。[164]

排外移民政策制造人间惨剧。美国在南部边境地区大规模逮捕入境移民，制造严重的人道主义危机。2022 年近 240 万移民被拘留在美国边境，比 2021 年增加 37%，创下历史新高。[165] 移民的生存权遭受严重威胁。福克斯新闻 2022 年 10 月 22 日报道，2022 年美国南部边境移民死亡总数达 856 人，是死亡人数最多的一年。[166]《墨西哥新闻日报》2022 年 11 月 16 日报道，得克萨斯州州长格雷格 · 阿博特宣布移民“入侵”美墨边境，表示要采取派遣国民警卫队驱逐非法移民、在边境地区部署炮艇等措施保卫边境安全。[167] 美国有线电视新闻网 2022 年 12 月 16 日报道，美国移民政策使移民和寻求庇护者陷入危险，数千人遭到绑架、性侵犯或暴力袭击。[168] 政治极化下的移民政策严重撕裂，移民沦为党争工具，“抛甩”移民闹剧大规模上演，移民面临极端仇外和残酷对待。美国有线电视新闻网 2022 年 12 月 26 日报道，包括儿童在内的 100 多名移民在 2022 年圣诞前夕，被运至华盛顿并遗弃在路边。当时的气温低于冰点，而一些移民在寒冷的天气里只穿着 T 恤。[169] 联合国人权事务高级专员沃尔克 · 图尔克批评道，美国政府边境移民政策对寻求庇护者的基本权利构成威胁，破坏国际人权和难民法的根基。[170]

拒不关闭关塔那摩监狱。2002年设立的关塔那摩监狱最多时曾关押约780人，其中大多数人未经审判便遭拘留，受到了残忍的、不人道的待遇，是美国“肆意侵犯人权的一个丑陋篇章”。[171] 联合国人权理事会在反恐中促进和保障人权问题特别报告员菲奥努阿拉·尼奥莱因等多名独立专家2022年1月发表共同声明指出，臭名昭著的关塔那摩监狱是美国在人权保护上的污点，要求美国政府关闭关塔那摩监狱，对遭受酷刑、任意拘留的公民进行赔偿，并根据国际法追究授权和实施酷刑的人员的责任。[172]

注释：

1 Lara Williams, "America goes backward for its 246th birthday," Bloomberg, July 3, 2022.
https://www.bloomberg.com/opinion/articles/2022-07-03/supreme-court-rulings-send-america-backward-on-its-246th-birthday-l559hegy.

2 J. David Goodman, "Texas goes permitless on guns, and police face an armed public," *New York Times*, October 28, 2022.
https://www.nytimes.com/2022/10/26/us/texas-guns-permitless.html.

3 Lois Beckett, "Six million Americans carried guns daily in 2019, twice as many as in 2015," *Guardian*, November 25, 2022.
https://www.theguardian.com/us-news/2022/nov/25/how-many-americans-carry-guns-daily.

4 〔美〕帕梅拉·哈格：《枪的合众国：美国枪文化的形成》，李小龙 译，中信出版社，2018，《序言》第1-19页，正文第454-463页。

5 "Editorial: Gun violence is America's way of life — and death," *Los Angeles Times*, April 4, 2022.
https://www.latimes.com/opinion/story/2022-04-04/editorial-gun-violence-sacramento-mass-shooting.

6 Reeping P M, Cerdá M, Kalesan B, Wiebe D J, Galea S, Branas C C, et al. "State gun laws, gun ownership, and mass shootings in the US: cross sectional time series," *BMJ*, Vol. 364, 2019.

7 Harmeet Kaur, "What studies reveal about gun ownership in the US," CNN, June 2, 2022.
https://edition.cnn.com/2022/06/02/us/gun-ownership-numbers-us-cec/index.html.

8 "US gun violence statistics 2022," Gun Violence Archive, December 24, 2022.
https://www.gunviolencearchive.org/.

9 "Editorial: Gun violence is America's way of life — and death," *Los Angeles Times*, April 4, 2022.

https://www.latimes.com/opinion/story/2022-04-04/editorial-gun-violence-sacramento-mass-shooting.

10 Phillip Adams, "United States, no more. It is a failed state," *Australian*, June 25, 2022.
https://www.theaustralian.com.au/weekend-australian-magazine/united-states-no-more-it-is-a-failed-state/news-story/f6053c96f6ac8dca3cd0a1412cca4297.

11 Jorge L. Ortiz, "Homicides down but violent crime increased in major US cities, midyear survey says," *USA Today*, September 11, 2022.
https://www.usatoday.com/story/news/nation/2022/09/11/united-states-major-cities-violent-crime-homicides-survey/8060734001/.

12 Cameron McWhirter, "New Orleans has America's no. 1 murder rate. We're in a crisis," *Wall Street Journal*, September 16, 2022.
https://www.wsj.com/articles/new-orleans-murder-rate-crime-11663338008.

13 Jenifer Warren, "Homicides, gun assaults fall modestly in major U.S. cities as robberies spike," Council on Criminal Justice (CCJ), July 28, 2022.
https://counciloncj.org/mid-year-2022-crime-pr/.

14 Audrey Conklin, "New York City overall crime increases 31% while incarceration conservation rate stoops to 18%," Fox News, July 7, 2022.
https://www.foxnews.com/us/new-york-city-overall-crime-increases-31-while-incarceration-conservation-rate-stoops-18.

15 Harry Enten, "Americans are more worried about crime than at any other time this century," CNN, June 8, 2022.
https://edition.cnn.com/2022/06/08/politics/crime-elections-democrats-san-francisco-recall/index.html.

16 "Police have killed 1,232 people in the U.S. so far in 2022," Mapping Police Violence, March 22, 2023.
https://mappingpoliceviolence.us/.

17 Fabiola Cineas, "What we know about the deadly police shooting of Jayland Walker," Vox, July 7, 2022.

https://www.vox.com/2022/7/7/23197430/jayland-walker-police-shooting-akron-ohio-footage.

18 Charles Kaiser, "What's prison for? Concise diagnosis of a huge American problem," *Guardian*, October 1, 2022. https://www.theguardian.com/books/2022/sep/30/whats-prison-for-review-bill-keller-marshall-project.

19 "Justice Department finds unconstitutional conditions at Mississippi prison," Equal Justice Initiative, April 25, 2022. https://eji.org/news/justice-department-finds-unconstitutional-conditions-at-mississippi-prison/.

20 Manny Ramos, "Cells at Illinois prison intake facility in Joliet infested with vermin, lawsuit says," *Chicago Sun-Times*, February 19, 2022. https://chicago.suntimes.com/news/2022/2/18/22941492/lawsuit-illinois-department-correction-prisoner-intake-center-joliet-rats-mice-sewage-spoiled-food.

21 Jo Ellen Nott, "Alabama prisoners continue to die at alarming rate, more than one every week in 2022," *Prison Legal News*, Vol. 33, No. 10, 2022.

22 University of Chicago Law School, "California homeless population grew by 22,000 over pandemic," University of Chicago News, June 16, 2022. https://news.uchicago.edu/story/us-prison-labor-programs-violate-fundamental-human-rights-new-report-finds.

23 Wendy Sawyer, Peter Wagner, "Mass incarceration: The whole pie 2022," Prison Policy Initiative, March 14, 2022. https://www.prisonpolicy.org/reports/pie2022.html.

24 "Captive labor: Exploitation of incarcerated workers," American Civil Liberties Union (ACLU), June 15, 2022. https://www.aclu.org/news/human-rights/captive-labor-exploitation-of-incarcerated-workers.

25 "2021 hate crimes statistics," Federal Bureau of Investigation (FBI), December 2022.

https://cde.ucr.cjis.gov/LATEST/webapp/#/pages/explorer/crime/hate-crime.

26 "Still suspect: The impact of structural Islamophobia," Council on American-Islamic Relations (CAIR), May 24, 2022. https://www.cairoklahoma.com/resource/still-suspect-report-2022/.

27 "US Muslims five times more likely to face police harassment due to their religion, study shows," Middle East Eye, August 23, 2022. https://www.middleeasteye.net/news/us-muslims-five-times-more-likely-face-police-harassment-due-to-religion-study-shows.

28 Jon Schwarz, "Jimmy Carter: The US is an 'oligarchy with unlimited political bribery,'" Intercept, July 30, 2015. https://theintercept.com/2015/07/30/jimmy-carter-u-s-oligarchy-unlimited-political-bribery/.

29 Taylor Giorno, Pete Quist, "Total cost of 2022 state and federal elections projected to exceed $16.7 billion," Open Secrets, November 3, 2022. https://www.opensecrets.org/news/2022/11/press-release-total-cost-of-2022-state-and-federal-elections-projected-exceed-16-7-billion/.

"Candidates and political action committees spent nearly $17 billion on midterms," National Public Radio (NPR), November 10, 2022. https://www.npr.org/2022/11/10/1135718986/candidates-and-political-action-committees-spent-nearly-17-billion-on-midterms.

30 Chris Cillizza, "A staggering amount of money has been spent on top Senate races in 2022," CNN, December 8, 2022. https://edition.cnn.com/2022/11/08/politics/senate-race-spending-midterm-election/index.html.

31 Joseph E. Stiglitz, "Of the 1%, by the 1%, for the 1%," *Vanity Fair*, May 2011.

32 Hélène Landemore, "More power to more people: To protect democracy, we have to first figure out why it's worth saving," *Foreign Policy*, December 7, 2021.

https://foreignpolicy.com/2021/12/07/biden-democracy-summit-people-power/.

33 〔美〕简·迈耶：《金钱暗流：美国激进右翼崛起背后的隐秘富豪》，黎爱 译，新星出版社，2018，第 10 页。

34 Ron Guillot, "Billionaires had an extra $1 trillion to influence the midterm elections. Save American democracy by taxing extreme wealth," *Fortune*, December 9, 2022.
https://fortune.com/2022/12/09/billionaires-influence-midterm-elections-save-american-democracy-taxing-extreme-wealth-politics-money-ron-guillot/.

35 John Mccrank, "Factbox: How Wall St and billionaires have donated to U.S. elections," Reuters, November 9, 2022.
https://www.reuters.com/world/us/how-wall-st-billionaires-have-donated-us-elections-2022-11-08/.

36 Ian Vandewalker, Mariana Paez, "4 takeaways about money in the midterms," Brennan Center, November 16, 2022.
https://www.brennancenter.org/our-work/analysis-opinion/4-takeaways-about-money-midterms.

37 David Sirota, Joel Warner, "Billions in 'dark money' is influencing US politics. We need disclosure laws," *Guardian*, August 29, 2022.
https://www.theguardian.com/commentisfree/2022/aug/29/billions-in-dark-money-is-influencing-us-politics-we-need-disclosure-laws.

38 〔英〕J.R. 波尔：《美国平等的历程》，张聚国 译，商务印书馆，2007，《序》第 1 页。

39 Brennan Center for Justice, "Voting laws roundup: May 2022," Brennan Center for Justice, May 26, 2022.
https://www.brennancenter.org/our-work/research-reports/voting-laws-roundup-may-2022#footnote23_mdb91j5.

40 "This cynical strategy paid major dividends for Democrats," Global Project against Hate and Extremism, August 4, 2022.

https://globalextremism.org/post/fear-and-elections/.

41 Sam Levine, "The racist 1890 law that's still blocking thousands of Black Americans from voting," *Guardian*, January 8, 2022. https://www.theguardian.com/us-news/2022/jan/08/us-1890-law-black-americans-voting.

42 "2022 state of Black America: Under siege the plot to destroy democracy — executive summary — Our right to vote is on the line: The plot to destroy our democracy," National Urban League, April 12, 2022.

43 Katie Friel Jasleen Singh, "Voter intimidation and election worker intimidation resource guide," Brennan Center for Justice, October 28, 2022. https://www.brennancenter.org/our-work/research-reports/voter-intimidation-and-election-worker-intimidation-resource-guide.

44 "This cynical strategy paid major dividends for Democrats," Global Project against Hate and Extremism, August 4, 2022. https://globalextremism.org/post/fear-and-elections/.

45 Geoffrey Skelley, Holly Fuong, "3 in 10 Americans named political polarization as a top issue facing the country," FiveThirtyEight of ABC News, June 14, 2022. https://fivethirtyeight.com/features/3-in-10-americans-named-political-polarization-as-a-top-issue-facing-the-country/.

46 Mark Murray, "Anger on their minds: NBC News poll finds sky-high interest and polarization ahead of midterms," National Broadcasting Company (NBC), October 31, 2022. https://www.nbcnews.com/meet-the-press/first-read/anger-minds-nbc-news-poll-finds-sky-high-interest-polarization-ahead-m-rcna53512.

47 Marc H, Thomas R, *Why Washington won't work: Polarization, political trust, and the governing crisis*, (Chicago: University of Chicago Press, 2015), p. 15.

48 Joe Concha, "Paul Pelosi's questionable Wall Street windfall spurs bipartisan calls for stock trading ban," *Hill*, July 24, 2022.

https://thehill.com/opinion/finance/3571790-paul-pelosis-questionable-wall-street-windfall-spurs-bipartisan-calls-for-stock-trading-ban/.

49 Morgan Phillips, "Revealed: 97 members of Congress or their families bought or sold stock that may have been a conflict of interest," *Daily Mail*, September 13, 2022.
https://www.dailymail.co.uk/news/article-11209689/97-members-Congress-families-bought-sold-stock-conflict-interest.html.

50 Rebecca Ballhaus, Brody Mullins, Chad Day, John West, Joe Palazzolo and James V. Grimaldi, "Federal officials trade stock in companies their agencies oversee," *Wall Street Journal*, October 11, 2022.
https://www.wsj.com/articles/government-officials-invest-in-companies-their-agencies-oversee-11665489653.

51 Michael Rubinkam, "Kids-for-cash judges ordered to pay more than $200M," Associated Press (AP), August 18, 2022.
https://apnews.com/article/crime-trending-news-government-and-politics-6f30f575dc739415af1e5b47b1be50f0.

52 〔美〕托马斯·戴伊、哈蒙·齐格勒、路易斯·舒伯特：《民主的反讽：美国精英政治是如何运作的（第15版）》，林朝晖 译，新华出版社，2016，第3页。

53 Quinnipiac Poll, "Biden's approval rating surges after hitting low mark in July, Quinnipiac University National Poll finds; Half of Americans say Trump should be prosecuted on criminal charges over his handling of classified documents," Quinnipiac University, August 31, 2022.
https://poll.qu.edu/poll-release?releaseid=3854.

54 Gary Fields, Christina A. Cassidy, "Many remain critical of state of US democracy: AP-NORC poll," Associated Press (AP), October 19, 2022.
https://apnews.com/article/2022-midterm-elections-presidential-election-2020-democracy-33823de7f22a601a192fc82eeb88e630.

55 Mollie Bowman, "New research shows most voters say American democracy faces 'very serious threats,' and access to trusted news and

information is the way forward," Cision PR Newswire, November 4, 2022. https://www.prnewswire.com/news-releases/new-research-shows-most-voters-say-american-democracy-faces-very-serious-threats-and-access-to-trusted-news-and-information-is-the-way-forward-301668525.html.

56 Stephanie Perry, Daniel Arkin, Patrick J. Egan and Hannah Hartig, Courtney Kennedy and Mara Ostfeld, "Inflation and abortion lead the list of voter concerns, edging out crime, NBC News Exit Poll finds," National Broadcasting Company (NBC), November 9, 2022. https://www.nbcnews.com/politics/2022-election/inflation-abortion-lead-list-voter-concerns-nbc-news-exit-poll-finds-rcna56258.

57 "Concluding observations on the combined tenth to twelfth reports of the United States of America," Committee on the Elimination of Racial Discrimination (CERD), September 21, 2022, CERD/C/USA/CO/10-12.

58 〔美〕大卫·R. 罗迪格：《白人的工资：种族与美国工人阶级的形成》，郭飞、李越 译，上海人民出版社，2022，第 19 页。

59 Jennifer Agiesta, Ariel Edwards Levy, "Poll: Black Americans see racism as a persistent challenge, and few say the country's racial reckoning has brought change," CNN, August 30, 2022. https://edition.cnn.com/2022/08/30/politics/poll-black-americans-racism-change/index.html.

60 Chris Jackson, "For Latino Americans, the U.S. offers opportunity but also discrimination," Ipsos, March 29, 2022. https://www.ipsos.com/en-us/news-polls/Axios-Latino-Poll-Opportunity.

61 "The state of safety for Asian American, Native Hawaiian, and Pacific Islander women," National Asian Pacific American Women's Forum (NAPAWF), March 30, 2022. https://www.napawf.org/our-work/march-2022/state-of-safety.

62 Center for the Study of Hate and Extremism, "Report to the nation: 2020s — Dawn of a decade of rising hate," California State University in San Bernardino (CSUSB), Summer 2022.

63 Fran Spielman, "Hate crime reports surge," *Chicago Sun-Times*, October 21, 2022. https://chicago.suntimes.com/city-hall/2022/10/20/23415326/hate-crime-reports-chicago-commission-human-relations-immigrants.

64 Hurubie Meko, Dan Higgins, "Buffalo gunman pleads guilty in racist attack that left 10 dead," *New York Times*, November 28, 2022. https://www.nytimes.com/2022/11/28/nyregion/buffalo-shooting-guilty-plea.html.

65 Lindsay Whitehurst, "US mass killings linked to extremism spiked over last decade," Associated Press (AP), February 23, 2023. https://apnews.com/article/homicide-center-crime-38ea83109a8e97f263d7fc60367b39af.

66 "Two years and thousands of voices: What community-generated data tells us about anti-AAPI hate," Stop-AAPI-Hate-National, July 20, 2022. https://stopaapihate.org/year-2-report/.

67 Frank Shyong, "Column: A search for answers to anti-Asian violence," *Los Angeles Times*, March 22, 2022. https://www.latimes.com/california/story/2022-03-22/aapi-violence.

68 Ed Shanahan, "Man hit woman in the head 125 times because she was Asian, officials say," *New York Times*, March 14, 2022. https://www.nytimes.com/2022/03/14/nyregion/yonkers-hate-crime-anti-asian-attack.html.

69 Nicki Brown, "Man who punched Asian woman more than 100 times sentenced to 17.5 years in prison," CNN, November 30, 2022. https://edition.cnn.com/2022/11/30/us/yonkers-asian-hate-crime-sentence-reaj/index.html.

70 Andrew Schneider, "Asian American and Pacific Islander voters are preparing to sue Texas for alleged discrimination in last year's redistricting," Houston Public Media, August 30, 2022. https://www.houstonpublicmedia.org/articles/news/politics

/2022/08/30/431667/asian-american-and-pacific-islander-voters-are-preparing-to-sue-texas-for-alleged-discrimination-in-last-years-redistricting/.

71 Mary Findling, "COVID-19 has driven racism and violence against Asian Americans: Perspectives from 12 national polls," *Health Affair*, April 12, 2022.
https://www.healthaffairs.org/do/10.1377/forefront.20220411.655787/.

72 Testimony of Erika Lee, PhD, Regents Professor of History and Asian American Studies and Director of the Immigration History Research Center at the University of Minnesota on "Discrimination and violence against Asian Americans" before the Subcommittee on Civil and Constitutional Rights Committee on the Judiciary, March 18, 2021.

73 "Concluding observations on the combined tenth to twelfth reports of the United States of America," Committee on the Elimination of Racial Discrimination (CERD), September 21, 2022, CERD/C/USA/CO/10-12.

74 "Police have killed 1,232 people in the U.S. so far in 2022," Mapping Police Violence, February 24, 2023.
https://mappingpoliceviolence.org/.

75 Elsa Chang, Alana Wise, "Wrongful convictions disproportionately affect Black Americans, report shows," National Public Radio (NPR), September 27, 2022.
https://www.npr.org/2022/09/27/1125442683/wrongful-convictions-disproportionately-affect-black-americans-report-shows.

76 Travis J, Western B, Redburn F S (eds.), *The growth of incarceration in the United States: Exploring causes and consequences* (Washington, DC: The National Academies Press, 2014), pp. 123, 303.

77 〔美〕大卫·R.罗迪格：《白人的工资：种族与美国工人阶级的形成》，郭飞、李越 译，上海人民出版社，2022，第6页。

78 Jennifer Agiesta, Ariel Edwards Levy, "Poll: Black Americans see racism as a persistent challenge, and few say the country's racial reckoning has

brought change," CNN, August 30, 2022.
https://edition.cnn.com/2022/08/30/politics/poll-black-americans-racism-change/index.html.

79 Derenoncourt E, Kim C H, Kuhn M, et al., "Wealth of two nations: The US racial wealth gap, 1860–2020," National Bureau of Economic Research, 2022.

80 "Poverty rate in the United States by ethnic group 2021", Statista Research Department, September 30, 2022.
https://www.statista.com/statistics/200476/us-poverty-rate-by-ethnic-group/.

81 Will Stone, "Poll: Black, Native American and Latino families face serious problems from inflation," National Public Radio (NPR), August 8, 2022.
https://www.npr.org/2022/08/08/1115758381/inflation-black-communities-latino-native-american-families.

82 DaQuawn Bruce, "Black America is suffering disproportionately in Biden's inflation nation. It's time for a change," *USA Today*, July 19, 2022.
https://www.usatoday.com/story/opinion/2022/07/19/biden-inflation-hurt-black-america/10077677002/?gnt-cfr=1.

83 "Concluding observations on the combined tenth to twelfth reports of the United States of America," Committee on the Elimination of Racial Discrimination (CERD), September 21, 2022, CERD/C/USA/CO/10-12.

84 Nathalie Jimenez, "America's race gap between black and white homeowners," BBC, July 10, 2022.
https://www.bbc.com/news/business-61845304.

85 Cheyanne M. Daniels, Sylvan Lane, "Black Americans feel disproportionate pain from high interest rates," *Hill*, August 28, 2022.
https://thehill.com/policy/finance/3617000-black-americans-feel-disproportionate-pain-from-high-interest-rates/.

86 "Concluding observations on the combined tenth to twelfth reports of the United States of America," Committee on the Elimination of Racial Discrimination (CERD), September 21, 2022, CERD/C/USA/CO/10-12.

87 Donna L. Hoyert, “Maternal mortality rates in the United States, 2020,” National Center for Health Statistics, February 23, 2022. https://www.cdc.gov/nchs/data/hestat/maternal-mortality/2020/maternal-mortality-rates-2020.htm.

88 Boehmer T K, Koumans E H, Skillen E L, Kappelman M D, Carton T W, Patel A, August E M, Bernstein R, Denson J L, Draper C, Gundlapalli A V, Paranjape A, Puro J, Rao P, Siegel D A, Trick W E, Walker C L, Block J P, “Racial and ethnic disparities in outpatient treatment of COVID-19 — United States, January–July 2022,” *Morbidity Mortality Weekly Report*, Vol. 71, No. 43, 2022.

89 Max Lee, B. Rose Huber, “Life expectancy drops from 81 to 79 years in California during COVID-19,” Princeton School of Public and International Affairs, July 7, 2022. https://spia.princeton.edu/news/life-expectancy-drops-81-79-years-california-during-covid-19.

90 〔美〕罗伯托·西尔文特、丹尼·哈方：《双标帝国：从独立战争到反恐战争》，魏磊杰、郭宪功 译，当代世界出版社，2022，第 31 页。

91 “Federal Indian Boarding School Initiative investigative report,” Department of the Interior, May 2022.

92 Sean Murphy, “Tribal elders recall painful boarding school memories,” Associated Press (AP), July 10, 2022. https://apnews.com/article/native-americans-oklahoma-city-cultures-e200ecdb445ee8ff0514d5a215a4058c.

93 Will Stone, “Poll: Black, Native American and Latino families face serious problems from inflation,” National Public Radio (NPR), August 8, 2022. https://www.npr.org/2022/08/08/1115758381/inflation-black-communities-latino-native-american-families.

94 Nada Hassanein, “‘Staggering’ and ‘sobering’: More than 80% of US maternal deaths are preventable, CDC study shows,” *USA Today*, September 19, 2022.

https://www.usatoday.com/story/news/health/2022/09/19/cdc-us-maternal-deaths-preventable/10425271002/.

95 John Burn-Murdoch, “Britain and the US are poor societies with some very rich people,” *Financial Times* (*FT*), September 16, 2022.
https://www.ft.com/content/ef265420-45e8-497b-b308-c951baa68945.

96 〔美〕厄尔·怀松、罗伯特·佩卢奇、大卫·赖特：《新阶级社会：美国梦的终结？（第四版）》，张海东等 译，社会科学文献出版社，2019，第 1-9 页，20-58 页。

97 “Household income distribution according to the Gini Index of income inequality in the United States from 1990 to 2021,” Statista Research Department, September 30, 2022.
https://www.statista.com/statistics/219643/gini-coefficient-for-us-individuals-families-and-households/.

98 Robert Frank, “Soaring markets helped the richest 1% gain $6.5 trillion in wealth last year, according to the Fed,” CNBC, April 1, 2022.
https://www.cnbc.com/2022/04/01/richest-one-percent-gained-trillions-in-wealth-2021.html.

99 Jeanna Smialek, “This holiday season, the poor buckle under inflation as the rich spend,” *New York Times*, November 25, 2022.
https://www.nytimes.com/2022/11/25/business/economy/economy-holiday-season.html?searchResultPosition=5.

100 Jeanna Smialek, “This holiday season, the poor buckle under inflation as the rich spend,” *New York Times*, November 25, 2022.
https://www.nytimes.com/2022/11/25/business/economy/economy-holiday-season.html?searchResultPosition=5.

101 Anneken Tappe, “Inflation is a bigger threat to some Americans. Here’s why,” CNN, April 5, 2022.
https://edition.cnn.com/2022/04/05/economy/federal-reserve-brainard-inflation/index.html.

102 “Energy inflation hits lower income families hardest,” National Energy

Assistance Directors Association (NEADA), April 12, 2022. https://neada.org/energyinflationpr/.

103 Office of Community Planning and Development (CPD), "The 2022 annual homelessness assessment report," Department of Housing and Urban Development (HUD), December 2022.

104 Manuela Tobias, "California homeless population grew by 22,000 over pandemic," CalMatters, October 6, 2022. https://calmatters.org/housing/2022/10/california-homeless-crisis-latinos/.

105 Salvador Hernandez, "Long Beach's new mayor calls for state of emergency to tackle homelessness," *Los Angeles Times*, December 21, 2022. https://www.latimes.com/california/story/2022-12-21/homelessness-long-beach-mayor.

106 Sara K. Rankin, "Hiding homelessness: The transcarceration of homelessness," *California Law Review*, Vol. 109, 2021.

107 Tanya Lewis, "The US just lost 26 years' worth of progress on life expectancy," Scientific American, October 17, 2022. https://www.scientificamerican.com/article/the-u-s-just-lost-26-years-worth-of-progress-on-life-expectancy/.

108 "COVID data tracker," Centers for Disease Control and Prevention, December 29, 2022. https://www.cdc.gov/coronavirus/2019-ncov/index.html.

109 "Im Schnitt 76 Jahre: Warum haben Amerikaner so ein kurzes Leben?" *WELT*, January 15, 2023. https://www.welt.de/iconist/partnerschaft/article243209025/Im-Schnitt-76-Jahre-Warum-haben-Amerikaner-so-ein-kurzes-Leben.html.

110 Steven H. Woolf, Ryan K. Masters, Laudan Y. Aron, "Effect of the Covid-19 pandemic in 2020 on life expectancy across populations in the USA and other high income countries: Simulations of provisional mortality data," *BMJ*, Vol. 373, 2021.

111 Robin Goldstein, Daniel Sumner, *Can legal weed win? The blunt realities*

of cannabis economics (Oakland, California: University of California Press, 2022), pp. 182-186.

112 Chris Morris, "Legal marijuana sales in the US expected to hit $33 billion this year," *Fortune*, April 11, 2022. https://fortune.com/2022/04/11/legal-marijuana-sales-33-billion-2022/.

113 "The marijuana industry spent millions lobbying on legalization in 2021," Open Secrets, March 4, 2022. https://www.opensecrets.org/news/2022/04/the-marijuana-industry-spent-millions-lobbying-on-legalization-in-2021/.

114 "Marijuana: Lobbying, 2022," Open Secrets, February 24, 2023. https://www.opensecrets.org/industries/lobbying.php?cycle=All&ind=N09.

115 Lehman C F. "The drug crisis: Problems and solutions for local policymakers," Manhattan Institute, August 2022.

116 Substance Abuse and Mental Health Services Administration (SAMHSA), "2020 national survey on drug use and health," Department of Health and Human Services (HHS), October 26, 2021.

117 E. Jones C M, Clayton H B, Deputy N P, Roehler D R, Ko J Y, Esser M B, Brookmeyer K A, Hertz M F, "Prescription opioid misuse and use of alcohol and other substances among high school students — Youth risk behavior survey, United States, 2019," *MMWR Suppl*, Vol. 69, No. 1, 2020.

118 National Institutes of Health (NIH), "Marijuana and hallucinogen use among young adults reached all-time high in 2021," Department of Health and Human Services (HHS), August 22, 2022. https://www.nih.gov/news-events/news-releases/marijuana-hallucinogen-use-among-young-adults-reached-all-time-high-2021.

119 Lehman C F, "The drug crisis: Problems and solutions for local policymakers," Manhattan Institute, August 2022.

120 "FDA's overdose prevention framework with Dr. Marta Sokolowska," Food and Drug Administration (FDA), October 25, 2022. https://www.fda.gov/drugs/news-events-human-drugs/fdas-overdose-

prevention-framework-dr-marta-sokolowska.

121 Seiji Yamashita, Jon Schlosberg, Lindsey Griswold, and Ginger Zee, "Louisiana's 'Cancer Alley' residents in clean air fight," ABC, June 21, 2022. https://abcnews.go.com/US/louisianas-cancer-alley-residents-clean-air-fight/story?id=85507551.

122 Michael Hawthorne, "More than 8 million Illinoisans get drinking water from a utility where forever chemicals have been detected, Tribune investigation finds," *Chicago Tribune*, July 13, 2022. https://www.chicagotribune.com/news/environment/ct-pfas-illinois-drinking-water-20220710-lcql5pgfjjcqrm2libb3gej5ty-htmlstory.html.

123 Nina Totenberg, "Supreme Court restricts the EPA's authority to mandate carbon emissions reductions," National Public Radio (NPR), June 30, 2022. https://www.npr.org/2022/06/30/1103595898/supreme-court-epa-climate-change.

124 "US Supreme Court ruling on environmental protection 'a setback in our fight against climate change,'" UN News, June 30, 2022. https://news.un.org/en/story/2022/06/1121782.

125 Remy Tumin, "Special edition: Roe v. Wade is overturned," *New York Times*, June 24, 2022. https://www.nytimes.com/2022/06/24/briefing/roe-v-wade-abortion-supreme-court-guns.html?searchResultPosition=1.

126 Gabriella Borter, "Indiana prosecutor seeks to punish doctor in 10-year-old's abortion case," Reuters, December 1, 2022. https://www.reuters.com/world/us/indiana-prosecutor-seeks-punish-doctor-10-year-olds-abortion-case-2022-11-30/.

127 Laura Trevelyan, "US taking a 'backseat' on women's rights — health secretary," BBC, June 29, 2022. https://www.bbc.com/news/av/world-us-canada-61989975.

128 "US abortion debate: Rights experts urge lawmakers to adhere to women's convention," UN News, July 1, 2022.
https://news.un.org/en/story/2022/07/1121862.
"Overturning of Roe v Wade abortion law a 'huge blow to women's human rights' warns Bachelet," UN News, June 24, 2022.
https://news.un.org/en/story/2022/06/1121312.

129 Alia E. Dastagir, "A Marshall University student is in prison for rape. His victims reveal how the school failed them," *USA Today*, November 16, 2022.
https://www.usatoday.com/in-depth/news/investigations/2022/11/16/marshall-university-title-ix-college-sexual-assault-rape-survivors/9587150002/.

130 Oren Liebermann, Ellie Kaufman and Barbara Starr, "Reports of sexual assault in the US military increased by 13%," CNN, September 1, 2022.
https://edition.cnn.com/2022/09/01/politics/sexual-assault-military-report/index.html.

131 PSI Staff Report, "Sexual abuse of female inmates in federal prisons," United States Senate, December 13, 2022.
https://lawandcrime.com/high-profile/jon-ossoff-led-senate-report-finds-thousands-of-cases-alleging-sexual-abuse-of-women-behind-bars-spanning-two-thirds-of-u-s-prisons/.

132 Michael Balsamo, Michael R. Sisak, "AP investigation: Women's prison fostered culture of abuse," Associated Press (AP), February 6, 2022.
https://apnews.com/article/coronavirus-pandemic-health-california-united-states-prisons-00a711766f5f3d2bd3fe6402af1e0ff8.

133 Nirmita Panchal, "The impact of gun violence on children and adolescents," Kaiser Family Foundation, October 14, 2022.
https://www.kff.org/other/issue-brief/the-impact-of-gun-violence-on-children-and-adolescents/.

134 Emily Davies, "Shooting of youths are soaring in D.C., vexing city

leaders," *Washington Post*, December 11, 2022.
https://www.washingtonpost.com/dc-md-va/2022/12/11/youth-gun-violence-dc/.

135 "Remarks by President Biden on gun violence in America," White House, June 2, 2022.
https://www.whitehouse.gov/briefing-room/speeches-remarks/2022/06/02/remarks-by-president-biden-on-gun-violence-in-america/.

136 Riedman, David (2022). "All shootings at schools from 1970-present," K-12 School Shooting Database, February 24, 2023.
https://k12ssdb.org/all-shootings.

137 Shayanne Gal, Madison Hall and Taylor Ardrey, "The US has had at least 604 mass shootings so far in 2022," Insider, November 22, 2022.
https://www.insider.com/number-of-mass-shootingsin-america-this-year-2022-5.

138 "Remarks by President Biden on gun violence in America," White House, June 2, 2022.
https://www.whitehouse.gov/briefing-room/speeches-remarks/2022/06/02/remarks-by-president-biden-on-gun-violence-in-america/.

139 Perry Stein, Hannah Natanson, "Schools face violent threats and lockdowns in wake of Texas shooting," *Washington Post*, May 28, 2022.
https://www.washingtonpost.com/education/2022/05/27/school-shooting-threats-hoaxes-uvalde/.

140 "Texas shooting: How gun attacks dey shape US school children," BBC, May 25, 2022.
https://www.bbc.com/pidgin/tori-61587121.

141 "Poverty rate of children higher than national rate, lower for older populations," Census Bureau, October 4, 2022.
https://www.census.gov/library/stories/2022/10/poverty-rate-varies-by-age-groups.html.

142 Center on Poverty and Social Policy, "Fact sheet," Columbia University,

June 8, 2022.
https://www.povertycenter.columbia.edu/publication/category/Fact+Sheet.

143 Madrick J, *Invisible Americans: The tragic cost of child poverty* (London: Vintage, 2020).

144 "Child poverty in the US is a disgrace," Vox, April 27, 2017.
https://www.vox.com/policy-and-politics/2017/4/27/15388696/child-benefit-universal-cash-tax-credit-allowance.

145 "Child labor in agriculture," National Center for Farmworker Health (NCFH).

146 "Increases in child labor violations, young workers' injuries prompts enhanced outreach, strong enforcement by US Department of Labor," Department of Labor, July 29, 2022.
https://www.dol.gov/newsroom/releases/whd/whd20220729.

147 Nandita Bose, Mica Rosenberg, "US to crack down on child labor amid massive uptick," Reuters, February 28, 2023.
https://www.reuters.com/business/us-crack-down-child-labor-amid-massive-uptick-2023-02-27/.

148 Karl Ebert, "Children hired to work graveyard shifts cleaning slaughterhouses, Labor Department says," *USA Today*, November 13, 2022.
https://www.usatoday.com/story/news/nation/2022/11/13/sanitation-company-child-labor-violation-investigation/10691137002/.

149 Mica Rosenberg, Kristina Cooke and Joshua Schneyer, "Child workers found throughout Hyundai-Kia supply chain in Alabama," Reuters, December 16, 2022.
https://www.reuters.com/investigates/special-report/usa-immigration-hyundai/.

150 "Editorial: While Abbott siphons money for border, Texas is throwing away children in youth prisons," *Houston Chronicle*, August 23, 2022.
https://www.houstonchronicle.com/opinion/editorials/article/Editorial-

Editorial-While-Abbott-siphons-money-17390300.php.

151 Ryan Fonseca, "Chaos in L.A. County's juvenile halls and what it means for incarcerated kids," *Los Angeles Times*, November 29, 2022. https://www.latimes.com/california/newsletter/2022-11-29/la-county-juvenile-halls-incarcerated-kids-essential-california.

152 〔美〕约翰·米尔斯海默：《大幻想：自由主义之梦与国际现实》，李泽 译，上海人民出版社，2019，第 213-251 页。

153 Brett Wilkins, "Warren, Jacobs accuse Pentagon of vastly undercounting civilians killed by US military," Common Dreams, December 20, 2022. https://www.commondreams.org/news/2022/12/20/warren-jacobs-accuse-pentagon-vastly-undercounting-civilians-killed-us-military.

154 Watson Institute for International & Public Affairs, Costs of War, "Summary of findings," Brown University. https://watson.brown.edu/costsofwar/papers/summary.

155 Brett Wilkins, "Warren, Jacobs accuse Pentagon of vastly undercounting civilians killed by US military," Common Dreams, December 20, 2022. https://www.commondreams.org/news/2022/12/20/warren-jacobs-accuse-pentagon-vastly-undercounting-civilians-killed-us-military.

156 〔美〕霍尔格·霍克：《美国的伤痕：独立战争与美国政治的暴力基因》，杨靖译，东方出版社，2019，第 12 页。

157 Colm Quinn, "Biden's trip masks a United States still at war in the Middle East," *Foreign Policy*, July 14, 2022. https://foreignpolicy.com/2022/07/14/biden-military-middle-east/.

158 Caf Dowlah, "Who benefits from sanctions, and who really suffers," *Daily Star*, December 28, 2022. https://www.thedailystar.net/opinion/views/news/who-benefits-sanctions-and-who-really-suffers-3207256.

159 Susannah George, "Afghans go hungry as US and Taliban officials blame each other," *Washington Post*, June 13, 2022. https://www.washingtonpost.com/world/interactive/2022/afghans-go-

hungry-us-taliban-officials-blame-each-other/?itid=hp-more-top-stories.

160 Ms. Alena Douhan, Special Rapporteur on the negative impact of the unilateral coercive measures on the enjoyment of human rights; Mr. Ian Fry, Special Rapporteur on the promotion and protection of human rights in the context of climate change; Mr. Livingstone Sewanyana, Independent Expert on the promotion of a democratic and equitable international order; Mr. Obiora C. Okafor, Independent Expert on human rights and international solidarity; Mr. Richard Bennett, Special Rapporteur on the situation of human rights in Afghanistan, "US sanctions violate Iranian people's rights to clean environment, health and life: UN experts, United Nations," OHCHR, December 20, 2022. https://www.ohchr.org/en/press-releases/2022/12/us-sanctions-violate-iranian-peoples-rights-clean-environment-health-and.

161 "Lift 'suffocating' unilateral sanctions against Syrians, urges UN human rights expert," UN News, November 10, 2022. https://news.un.org/en/story/2022/11/1130427.

162 Edith M. Lederer, "UN votes overwhelmingly to condemn US embargo of Cuba," Associated Press (AP), November 4, 2022. https://apnews.com/article/middle-east-business-cuba-israel-europe-bf38ea2b62324cbd9ed3ce10905883d8.

163 "Preliminary US greenhouse gas emissions estimates for 2022," Rhodium Group, January 10, 2023. https://rhg.com/research/us-greenhouse-gas-emissions-2022/.

164 Watson Institute for International & Public Affairs, Costs of War, "Summary of findings," Brown University. https://watson.brown.edu/costsofwar/papers/summary.

165 "Gov. Greg Abbott invokes 'invasion clauses' in border security push," Fox 4, November 15, 2022. https://www.fox4news.com/news/gov-greg-abbott-invokes-invasion-clauses-in-border-security-push.

166 Timothy H. J. Nerozzi, Bill Melugin and Griff Jenkins, "Record 856 migrants die at southern border in fiscal year 2022: CBP," Fox News, October 22, 2022. https://www.foxnews.com/politics/record-856-migrants-die-southern-border-fiscal-year-2022-cbp.

167 "TX Governor Greg Abbott declares 'invasion' of migrants at US-Mexico border," *Mexico News Daily*, November 16, 2022. https://mexiconewsdaily.com/news/greg-abbott-invasion-of-migrants/.

168 Zachary B. Wolf, "Border 'invasion' declaration panned as PR stunt," CNN, November 16, 2022. https://edition.cnn.com/2022/11/16/politics/us-border-immigration-republicans-what-matters/index.html.

169 Noah Gray, "More migrants dropped off outside Vice President's home in freezing weather on Christmas Eve," CNN, December 26, 2022. https://edition.cnn.com/2022/12/24/politics/migrants-dropped-off-vice-president-christmas-eve/index.html.

170 "New US border policy poses risk to fundamental rights, warns UN's Türk," UN News, January 11, 2023. https://news.un.org/en/story/2023/01/1132372.

171 "Rights experts condemn 'unrelenting human rights violations' at Guantánamo Bay," UN News, January 10, 2022. https://news.un.org/en/story/2022/01/1109472.

172 Fionnuala Ní Aoláin, Special Rapporteur on the promotion and protection of human rights while countering terrorism; Elina Steinerte (Chair-Rapporteur), Miriam Estrada-Castillo (Vice-Chair), Leigh Toomey, Mumba Malila, Priya Gopalan, Working Group on Arbitrary Detention; Nils Melzer, Special Rapporteur on torture and other cruel, inhuman or degrading treatment or punishment; Siobhán Mullally, Special Rapporteur on trafficking in persons, especially women and children; Morris Tidball-Binz, Special Rapporteur on extrajudicial, summary or arbitrary

executions; Luciano Hazan (Chair-Rapporteur), Aua Baldé (Vice-Chair), Tae-Ung Baik, Gabriella Citroni, Henrikas Mickevičius, Working Group on Enforced or Involuntary Disappearances; Tlaleng Mofokeng, Special Rapporteur on the right to physical and mental health, "Guantanamo Bay: 'Ugly chapter of unrelenting human rights violations' — UN experts," OHCHR, January 10, 2022.
https://www.ohchr.org/en/press-releases/2022/01/guantanamo-bay-ugly-chapter-unrelenting-human-rights-violations-un-experts.